EXILE ATSUSHI

天音。

amaoto.

幻冬舎

天音。

いつも温かい気持ちを
ありがとうございます☆
これからも、たくさんの愛を
届けられるよう
一生懸命がんばります☆

Atsushi

人が天から心を授かっているのは、
人を愛するためである。

—— ニコラ・ボアロー＝デプレオー（詩人）

Contents

はじめに

ドームツアーの前哨戦（ぜんしょうせん）として、全国のホールをツアーで回ったときのことだ。

ある地方の町でライブをしたのだが、その会場に周辺の町や村から若い連中がどんどん押し寄せて、パニックになりかけたことがある。暴走族まで来ていたらしい。僕らが泊まっていたホテルの周りも、歓迎するかのように走行するバイクの音で騒然としていた。

ライブが終わったら、シャワーを浴びたり、マッサージを受けたりして、一息ついてから会場を後にするのが普通なのだけれど、そんなことをしていたら外で出待ちをしているファンや、お祭り騒ぎに惹（ひ）かれて集まった若者たちに囲まれて、混乱に拍車がかかってしまう。不測の事態が起きないとも限らない。

アンコールの演奏が終わった直後、お客さんが席を離れる前に、僕らは衣装のまま会場を出るという段取りが組まれた。これを「即出（そくで）」という。

最後のアンコール曲を歌い終え、客席に手を振ってステージを降りたきっかり五分後に、僕たちはライブ会場のすぐそばにあるホテルの自分の部屋に戻っていた。

ところが、その五分があまりにも短過ぎた。

ホテルの廊下でメンバーやマネージャーと別れ、自分の部屋に入ってガチャッとドアを閉めた瞬間の奇妙な感覚を、今もはっきり憶えている。

あの、耳が痛いほどの静寂――。

ホテルの部屋が静かなのは当たり前のことで、むしろうるさかったら問題だ。けれど、その当たり前なことが当たり前じゃなくなっていた。

「なんだこれ？」と思った。

それは数時間前にライブ会場に出かけたときのままの、ホテルの部屋だった。

ソファの背には、脱ぎ捨てた部屋着がかかっている。出がけに食べたバナナの皮は、皿の上で黒く変色していた。僕の日常の抜け殻が、そこにあった。

僕はステージ衣装のまま、呆然とその抜け殻を見下ろしていた。

その眺めが、寂しくて耐えられなかった。

恐ろしいほどの虚無感を抱いた。


ほんの五分前まで、僕は神様みたいな存在だった。

何千の夢見る瞳に見つめられ、大歓声の中で歌っていた自分と、今ここにいる自分がどうしてもひとつに重ならない。真夜中の鐘が鳴って、魔法が解けたシンデレラなら、この気持ちを理解してくれるだろうか。

魔法が解けてしまえば、僕はただの佐藤篤志という一人の人間に過ぎない。

鏡を覗けば、そこにはいつもの僕がいる。

身長百七十五センチ、体重六十四キロ。無敵でもなければ、空を飛べるわけでもない。

汗もかけば、おならもする。つまらないことでくよくよするし、憂鬱になるには虫歯一本の痛みで充分だ。

五分前のATSUSHIと今の篤志とのギャップに、自分の心がついていかなかった。

ほんの数分で、人の境遇はこんなにも変わるのか?

何千メートルもの高い空から地面を見下ろしたときのような目眩がして、居ても立ってもいられないほど心細かった。

とても一人でここにはいられないと思った。

僕は思わずドアを開けて、廊下に出た。

意外なことに、他のメンバーも何人か廊下に出てクールダウンをしたりしていた。

彼らも同じ気持ちを味わっていたんだと思う。

僕たちはそれからしばらく、みんなで冗談を言ったり悪ふざけをしたりして、意味もなく廊下ではしゃいだ。

そうでもしないと、心の昂りが鎮められなかったからだ。

バカみたいに当たり前の話だけれど、僕も生身の人間だ。

ステージに立っているときは、まるで何千年も昔からそこで歌っていたような自信たっぷりの顔をしている。けれど、そんなものは、ほとんどハッタリだったりする。

正直に言ってしまえば、心はズタズタに引き裂かれ、頭がぐちゃぐちゃに混乱した状態なのに、問題なんて何もないって顔をして、思いっきり楽しそうに歌っていたこともある。演技は得意じゃないから、たくさんの人に見破られていたとは思うけれど。

本当は、そんなこと隠しておくべきなのはよくわかっている。

ステージに立っているとき以外の僕は、ATSUSHIの抜け殻みたいなもので、誰にも見せてはいけないのだ。一所懸命に声援を送ってくださるファンの方たちのためにも、生身の僕のことは秘密にしておいた方がいい。生身の自分の話をするなんて、ネタバレみたいなものだと言われたら、返す言葉は何もない。

それはよくわかっているのだけれど、それでも敢えてこの本には、生身の僕の、心から絞り出した言葉を書き記そうと思う。

分厚い灰色の雲に覆われてしまったみたいに、世の中が薄暗く陰っているように見えるから。

自分の殻の中に引きこもり、未来に夢や希望を持つことができずに、独りぼっちで心を凍（こご）えさせている人が、どんどん増えている気がするから。

こんな僕みたいな人間が、どういう気持ちで詩を書き、歌っているのかを知ってもらうことにも、もしかしたら意味があるんじゃないかと思うのだ。

僕は誰とも違わない。どこにでもいる、ただの男だ。

いろんなことで悩みながら、苦しみながら、とぼとぼと道を歩いてきた。いつか幸せに巡り合えることを祈りながら、バカみたいな失敗や挫折を繰り返しながら、手探りで人生を生きてきた。

そんなただの男が、どうしてこんなことになってしまったのか――。

これから、その話をしたいと思う。

僕たちの音楽を聴いてくれるすべての人に、心の底から感謝しています。

その感謝の気持ちを、少しでも伝えたくてこの本を書きました。

拙（つたな）い文章ですが、最後まで読んでいただければこれ以上の喜びはありません。

第一章

夢

……1

ライブが始まる直前の、ほんのわずかの刺激でも大爆発しそうな、あの興奮と期待の高まりを思い出してみてほしい。

僕も一人のファンとして、いろんなアーティストのライブに行く。人生の様々な出来事のうちでも、あんなにワクワクする経験はめったにない。自分の大好きなアーティストのライブで、しかもそのライブを何カ月も、何年も待ち焦がれていたらなおさらだ。もしかしたら、人生で最初のデートにも匹敵するんじゃないか。

いや、この比較はフェアじゃない。どんなに素敵な恋人だって、デートの待ち合わせ場所に、大音響とレーザー光線の演出つきで現れたりしないからだ。

近頃のライブの派手さは、半端じゃない。

何百機ものスポットライトにレーザー、炎や花火の発射装置、ちょっとしたビルほどの大きさがあるＬＥＤの巨大モニター、会場のあちこちに仕掛けられた無数の大出力スピーカー。そしてそれらの機材の動きを、ミリセカンド単位の厳密さでコントロールする何十台ものコンピユーター……。

生半可なハイテク工場なら尻尾(しっぽ)を巻いて逃げ出すんじゃないかというくらいの、大量の最新機材を使うのが常識になっている。ちなみに、ＥＸＩＬＥのドームライブをたった一晩開催するのに、十一トントラック百十二台分の機材が必要なのだ。

僕が言うのもおかしな話だけど、あれだけの圧倒的な光と音の洪水に包まれてステージに登場すれば、誰だってヒーローになれる。少なくとも、その瞬間は。

なにしろ僕たちがライブで使っているスピーカーの出力があれば、喩えなどではなく実際に、会場のお客さんの胸を震わせることだってできるのだ。嘘だと思うなら、ライブが盛り上がったとき、紙を一枚自分の目の前にかざしてみればいい。その紙は音の刺激だけで、ビリビリと振動するはずだ。

そういうライブのオープニング、ステージ上にミュージシャンが登場する直前のあの瞬間に、客席のファンの胸がどれだけ高鳴っているかを、僕は自分の経験としてもよく知っている。けれど、その会場にいるどんな熱烈なファンよりも、もっと大きく胸を弾ませている人間がいる。

それは、ステージに立つ僕たちだ。

開演が近づくにつれ、会場を埋め尽くしたお客さんの歓声が徐々に高まって、楽屋の僕たちのところまで響いてくる。遠い空でゴロゴロと轟いていた雷が急速に近づいてくるようなスリリングな感覚に、心がワクワクと騒ぎ出し、僕は居ても立ってもいられなくなる。

そして、歓声に引き寄せられるようにして、ステージの袖に忍び込む。客席がどんな具合に盛り上がっているか、会場にどんどん入ってくるファンの人たちがどんな顔をしているかを、こっそり見にいくのだ。

いつだって、何十回見ても、そこから見えるお客さんの表情は僕を奮い立たせる。ステージに誰もいなくたって、そんな感じなのだ。ＥＸＩＬＥが登場したらどうなるかは、一度でもライブ会場に来てくださった方ならよくおわかりの通り。

ステージに上がった僕たちは、信じられないくらいの大きな歓声に包まれる。

その僕たちが、何を聞いて、何を見ているか。それを、ファンの人たち全員に経験させてあげられないものかと思う。

同じライブを経験していながら、ステージの僕たちと、客席のファンは、まったく違う景色を見ている。

客席に座っていると自分がステージから見られているなんて想像もしないかもしれないけれど、実はお客さんの顔はすごくよく見えている。

そう、ステージから見えているのは何よりも、客席を埋め尽くす人の顔だ。

喜びが満ちあふれた顔、顔、顔、顔……。

そのひとつひとつの顔が、どれだけ輝いているか。

大好きな恋人にだって、あんなに無防備に輝く顔を見せないいんじゃないか。

希望や夢がかなうとき、あるいは純粋な喜びを感じているとき、人は本当に美しい表情をしている。それをいちばんよく知っているのは、間違いなくミュージシャンだと僕は思う。なにしろステージに立っている間中ずっと、僕たちは喜びに輝くその何千何万という顔に見つめられているのだから。

そして、その光り輝く顔たちが、声を限りに僕たちの名を叫ぶ！

その大歓声が、どれほど僕らの心臓を震わせることか。

心のいちばん深い部分、本能そのものが揺さぶられるような感じだ。身体(からだ)中をアドレナリンが駆け巡り、何千人何万人の海を前にして、僕はまるで無敵の超人にでもなったような気持ちになる。

ライブツアーが続いて、疲れが溜(た)まっていても、そんな疲れはあの歓声を聞いた瞬間に吹き飛んでしまう。いつまでも歌い続けられるような気になる。

「今日は来てくれて本当にありがとう、最後まで楽しんでください」

いつもの決まり文句に聞こえるかもしれないけれど、僕たちは本当に、心の底からそう思っている。

ファンのみなさんがいなかったら、僕たちはこの世に存在しないゴーストに過ぎない。

……2

ＥＸＩＬＥがようやく軌道に乗って、世の中の人に知られ始めた頃、ヒロさんがメンバーにこんなことをよく言っていた。

「俺たちが売れれば売れるほど、謙虚でいるだけで社会貢献になると思うんだ。だって、もしも有名なアーティストになっても威張ることなく謙虚でいられたら、みんながさらに認めてくれると思うよ。そしたら世の中の若い人たちも、少しは謙虚になるかもしれない。それってひとつの社会貢献なんじゃないかな」

なるほどなあ、と思った。

成功は人を変える。有名になったり、お金持ちになった途端、人が変わったように横柄(おうへい)になる人はいくらでもいる。

不思議なのは、他人から見ればそういう姿がものすごく格好悪いのは一目瞭然なのに、本人たちはほとんど気づかないということ。他人のことは見えても、自分自身のことはほとんど見えていないのが人間なのだ。

ヒロさんは一九九〇年代に活動したダンス＆ボーカルユニットZOO（ズー）のメンバーとして一度は武道館のステージに立ちながら、もう一度、下積み生活をやり直すという経験をしている。人には言えないような悔しい想（おも）いもしたと思う。成功した途端に横柄になる人の姿は、うんざりするほどたくさん見たはずだ。

だからこそ、自分は絶対に、そんな風にはならないと心に誓ったのだろう。

猿山のボスザルは、いつも偉そうにしていなければ務まらない。そうしないとすぐにボスの座を他のサルに取られてしまう。人が偉そうにするのも同じことで、自分の地位を周囲にアピールするために偉そうにしているのだ。

つまり成功して態度が変わるのは、人間の本能みたいなものだ。その本能に逆らうことをしようと、ヒロさんは言ったわけだ。

偉くなればなるほど、頭を下げて謙虚に生きる。強い人間は、弱い人間を守る。成功しても威張らず、世の中のために自分に何ができるかを考える。

そうすれば、その先にある未来は、きっと今よりも明るくなるはずだ。

そのためには、自分たちが成功しなきゃいけない。自分たちが成功して、謙虚であることの格好良さをみんなに見せつけて、世の中を変えるのだ。

それがおそらくは、二回目の下積み時代に悔しい想いを我慢し続けたヒロさんが辿（たど）り着いた答えなのだと思う。

僕は、僕の歌を聴いてくれたすべての人に、幸せになってもらいたい。

音楽で世界を平和にしたいとか、無邪気な夢を見ているわけじゃない。いや、もちろん心から世界平和を願っているのだけれど、音楽で世界を平和にできるなら、とっくの昔に戦争は過去のものになっているはずだ。

ジョン・レノンの『イマジン』ですら、それは成し遂げられなかった。マイケル・ジャクソンを筆頭に世界の超大物アーティストたちが参加した『ウィ・アー・ザ・ワールド』をもってしても、世界の悲しい出来事は、今もまだ絶えることがない。

ジョンやマイケルほどの才能と影響力を持ったミュージシャンでもできなかったことが、自分にならできると信じるほど、僕はナイーブじゃない。

ただ、世の中の人が自分という存在を今よりももう少しだけ大切にして、他人という存在に今よりももう少しだけ思いやりを持てるようになったら……。世界は、ほんの少しかもしれないけれど、でも確実に良い方向に進んでくれると信じている。

自分を大切にする。そして、他の人の大切さに気づく。

そこからしかすべては始まらない。

逆に言えば、そこからすべてが始まる。

僕たちの音楽を聴いてくれた人が、その出発点に立てますように。自分を大切にしてくれますように。

いつも心の底でそう祈りながら、僕は歌っている。


今の世の中は、夢を見るのが難しい時代だと言われている。

しかし、そんなことはないと僕は思う。

夢を見るのが難しかったり、簡単だったりすることはない。

夢は自分の意思で見るものだ。


夢とは、砂漠に立てる旗のようなものだと僕は思っている。

旗を立てたときに初めて、何もない砂漠のような人生に目標が生まれる。それが自分の目指すゴールになる。

僕の夢はいつも、胸を張って夢と宣言するのが気恥ずかしくなるくらいの、目の前にあるささやかな夢だった。努力さえすれば、きっとかなえることができるだろう小さな夢だ。

その小さな夢のひとつひとつを、僕はコツコツとかなえてきた。

自分一人の力でかなえたなんて言うつもりはない。

ＥＸＩＬＥのメンバーやスタッフはもちろんのこと、父や母を含め、僕を支えてくれたすべての人たちの助けがなければ、その小さな夢のひとつもかなえることはできなかっただろう。

それはどれだけ感謝しても足りないけれど、とにかく、その小さな夢をひとつひとつ実現した先に、今僕の立っているステージはある。

そのことを、すべての人に伝えたい。

そのことを、すべての人に知ってほしい。

どんなステージに立つかは問題じゃない。

それは、それぞれの人が決めればいい。

人生は砂漠かもしれないけれど、その砂漠を、緑豊かな大地に変えることはできる。

まず、砂漠のどこかに、自分の目指すべき旗を立てること。

その旗に向かって、歩き続けること。

そして、何よりも大切なのは、その旗を自分の手で摑(つか)むこと。

旗をひとつ摑み取るごとに、人は強くなる。そして、遠くまで走れるようになる。夢をひとつかなえるごとに、夢をかなえる感覚を憶(おぼ)えるからだ。

その感覚を身につければ、人生は生きるに値する場所に変わる。

夢はどんなに小さなものだっていい。

僕はそういう風にして、ここまで歩いてきた。

小さな自信を積み重ねて、自分を取り戻した。

夢をかなえればかなえるほど、人は自然に生きられるようになることを知ったのだ。


偉そうなことを言うつもりはない。

繰り返し書くけれど、僕はただの男だ。

子供の頃から、有名になりたかった。

中学生時代は、有名になるために、夢中でサッカーをやった。

高校生になって、そのサッカーでは一流になれないと悟ると、今度はサーファーになろうとした。もちろん、その目論（もくろ）みも見事に空振りに終わった。好きな女の子に振り向いてもらいたいあまりに、ちょっとワルぶってみるような、日本中のどこにでもいるようなパッとしない高校生だった。

考えてみれば、長い間、どこにも歯車がかみ合っていなかった。

音楽の専門学校に行って、テレビのオーディション番組で注目されて、ちょっとは名前を知られるようになったものの、最後の最後で夢への階段は崩れ落ちた。

失意の中で、僕は身を持ち崩した。人生が生きるに値するなんて言われても、あの頃の僕は聞く耳を持たなかったはずだ。

そのままだったら、僕はどこへ行っていただろう。

ある意味での人生のどん底で、僕はヒロさんと出会う。ヒロさんもそのとき、どん底から這い上がろうとしていた。マッちゃんも、ウッさんも、マキさんも、みんなそれぞれに。

みんなで気合いを入れて、力を合わせて、そこから一歩一歩、文字通り這い上がってここまでやってきた。

そうしてやっとのことで、ＥＸＩＬＥのステージを観てくれた人たち、僕らの音楽を聴いてくれた人たち……つまり、あなたに出会えたということだ。

第二章

恋

……　1

発端は他愛もない話。
どこにでもいるような少年が、誰でも見るような夢を見たというだけの話だ。
僕の見た夢――。
それは、「有名になる」という夢だった。
有名になりたかった理由は、ただひとつ。
僕は一人の女の子に恋をした。
僕の存在を、その子に気づいてほしかった。

その子の名前を、仮にシノダさんとしよう（あくまでも仮名であり、現実の名前とは一切かかわりのない架空の名称です。仮に同一の名前が存在していたとしても、それは偶然の一致に過ぎません）。
後から考えてみれば、初めて会ったのは幼稚園のときだ。クラスは違ったけれど、脚が長くて、顔がちっちゃくて、小麦色に日焼けをしていて……。デビューした頃の安室奈美恵ちゃんみたいな可愛（かわい）らしい子だった。

クラスが違っていたのに、彼女のことを憶(おぼ)えていたのは、その頃から意識していたのだと思う。彼女はその幼稚園に通っていた男の子みんなのマドンナだった。

とはいえ、幼稚園児の恋は淡(あわ)い。小学校が別々になったせいで、僕は彼女のことをすっかり忘れていた。

再び出会ったのは、小学校六年生のとき。市の陸上競技大会でのことだ。

六年ぶりにもかかわらず、僕は一目で彼女のことがわかった。

そして、一世一代の恋に落ちる。

そこからすべてが始まった。

彼女の名前を口にするだけで、僕の心臓はキュンと切ない音をたてる。

そういう人は、誰にだっていると思う。初恋の人と結婚するという幸運に恵まれた、ごく稀(まれ)な例外は別として。

彼女の名誉のために、まず言っておかなければならないことがある。

僕は彼女に何度も告白して、完膚(かんぷ)なきまでにフラれた。

彼女のことが好きでたまらなかったけれど、一度もつきあったことはない。

彼女は僕の人生にきわめて深い影響を与えた人だけれど、それはあくまでも僕の側からの一方的な思い込みだ。彼女の側から見れば、僕は単なる同級生でしかない。

つまり、この僕の初恋は、最初から最後まで、完璧に僕の片思いだった。

ただ、片思いだったからこそ、今の僕があるのだとも言える。

決して、負け惜しみではなく。

いや、多少の負け惜しみもこめて……。


……

2

この話を理解してもらうためには、まず僕がどんな子供だったかを話す必要があるかもしれない。

始まりは、埼玉県越谷市のある住宅。

もう25年も昔の話だ。

一人の子供が布団に横になっている。

眠っているわけではない。

時計の針は夜中の12時を回っていたけれど、その子は目を見開いている。

そうして、さっきからもう何時間も、じっと天井(てんじょう)の模様を見つめていた。

見つめ過ぎて、脳味噌にその模様が焼きついてしまうくらいに。

あの天井の模様は、大人になった今でもたまに、目をつぶると瞼の裏にぶわーっと浮かんでくることがある。その天井が特別変わっていたわけでもなければ、僕が天井に特別な興味を持つような少し変わったタイプの子供だったわけでもない。

ただなんとはなしに天井の模様を見つめているうちに、頭が冴えて眠れなくなったのだ。天井の不規則な模様の中から、同じパターンの繰り返しを探す。模様と模様のつながりを追いかけて、その意味を考える。ひとつの模様の形から、別の何かの形を空想する。ときにはそれが人の顔に見えて、怖くなったりもした。天井の模様を見ているだけで、あっという間に時間が過ぎた。

何事にも、「なぜ?」「どうして?」と考えてしまう癖があり、何かを考え始めると、頭が走って止まらなくなる。頭の中で連想が連想を生み、目に見えるものと目に見えないものとの間を行ったり来たりしながら、思考が転がって止まらなくなる。

それは決して苦痛ではないけれど、おかげでゆっくり眠った記憶がない。昼間はいつも眠いのに、夜になると神経が研ぎ澄まされる。布団に入って目をつぶると、頭の中で記憶や思考が渦巻いて眠れなくなる。仕方がないから、考え疲れるまで考えて、明け方近くにようやく眠る。

モノゴコロついたときから、ずっとそういう感じだった。

そんな眠れぬ夜を幾夜も過ごすうちに、僕の性格は少しずつ形成されたのかもしれない。

少なくとも、子供時代に見つめていた天井の模様が今でも鮮明に脳裏に焼きついているように、あの頃ぼんやりと考えたり想像したりしていたことが、今の僕の考え方にも深く影響を与えているのは間違いない。


目に見えることだけが、すべてではない。少なくとも、それだけは間違いない。

CDを買うと言えば、何かモノを買うことのように思ってしまうけれど、ジャケットの入ったプラスティックの箱や、CDそのものが欲しくてCDを買う人はいない。その中身の、目に見えない音、音楽にみんなはお金を払っている。

目に見えない音が、心というもうひとつの目に見えないものを動かすから、人はそれを得るためにお金というモノを支払うのだ。

そのお金にしても、価値があるのは人の心がそう認めるからだ。一万円札はモノとして見れば、ただの紙切れに過ぎない。その紙切れを、人の心という目に見えないものがお金として成立させている。

この世界の半分以上は、目に見えないものでできているという話を聞いたことがある。たしかに空気も見えなければ、声も、人の想いも、音楽だって目には見えない。この世を構成している要素を並べたら、目に見えないものの方が、割合としてはずっと多いというのも納得できる話だ。

オカルトを信じるつもりもないし、この世のすべてが魂やスピリチュアルなものに支配されているとも思わないけれど、この世の何もかもが、目に見えるモノ、理屈で説明できる事柄だけで成り立っているとはとても言えないわけだ。

だから僕は、一日に少なくとも一度くらいは、目に見えないもののことを意識する。

それは特別なことでもなんでもなくて、たとえば音楽を聴いたときに、その情景を思い浮かべて物語を作ってみたり、曲のイメージを色に置き換えてみたり、そういうとりとめのないことを考えるだけなのだけれど。

それと、自分で作った神棚みたいなところに置いてある、一年の初めに神社でいただいたお札と、ヒロさんとＥＸＩＬＥの写真に手を合わせることも、欠かさずやっていることだ。「俺はまだ死んでないよ」ってヒロさんは笑うかもしれないけれど、それはただ頭の中で、すべてに対する感謝の気持ちを忘れないよう自分に課した、儀式のようなものだ。

そもそも音楽というものが、大昔から神事には欠かせないものだった。

神様に捧げるために、人は楽器を弾き、歌を歌った。音楽を奏でることは、この世界に生まれたことに感謝することでもあったはずだ。
つまりはそういう気持ち。理屈ではなく、そう素直に感じられるように。

歌手が悲しい歌を歌うのは、その歌手自身が悲しいからとは限らない。
悲しい歌を歌う歌手は、世界の悲しみを聴いている。
そういう意味で、僕は自分を楽器のようなものだと感じることがある。
僕ではない何者かが、僕という楽器を鳴らしている。
あくまでも比喩（ひゆ）だけれど、この世界には神もいれば悪魔もいる。
神の奏でる音楽もあるし、悪魔の奏でる音楽もある。
だから僕は耳を澄ます。
天から響く音に。
願わくば、僕という楽器を鳴らすのが、善なる者でありますように。

……

3

妹がいたこともあって、幼い頃の遊び相手は、どちらかというと女の子の方が多かったかもしれない。近所に小さな公園があって、母親によくそこに連れていってもらっていたから、小学生になる少し前の頃だけれど、同じくらいの年の子と遊ぶよりも少し年上の近所のお姉さんに可愛がってもらった憶えがある。近しい親戚も女性ばかりで、女性の中で育ったと言ってもいいくらい、周りにはいつも女性が多かった。

たしかに、同世代の男の子と遊んでいるより、自分より精神年齢がちょっと上のお姉さんと一緒にいる方が甘えられるというか、気が楽だったような気がする。男の子同士というのは、ケンカや物の取り合いなど、ある意味では争いが絶えない。たぶん、それが嫌だったんだろう。しかも僕は、ものすごく照れ屋で恥ずかしがり屋だった。

そうなったきっかけは、なんとなく憶えている。自分の友だちや、そのお母さんたちがウチに遊びに来ていたときのことだ。

自分が何を言ったのかやったのか、まったく憶えていないのだけれど、とにかく母親が急に怒りだした。みんなの目の前で僕は引きずられるように風呂場に連れていかれて、そこでお尻を何発も引っぱたかれたのだ。自分が何か悪いことをしたという感覚はまったくなかった。

その出来事は僕の記憶の中に鮮明に残っていて、今でも僕が人目をかなり気にするのは、あのときの経験から来ているんじゃないかと思うことがある。

とにかく自分としては、ただ楽しんでいるときに突然怒られたのが、やたらと心に応えたのだ（もちろんそれは、自分が叱られた理由を幼い僕が理解できなかっただけで、母親が怒ったのは、間違いなく彼女の愛情ゆえであることは、今はよく理解している）。

その話で思い出した。

僕が血や怪我を見るのを異常に怖がるようになったのも、幼い頃の記憶に原因がある気がする。

公園からの帰りか何かで、僕は母親の自転車の前につけた子供を乗せるカゴに乗っていた。その日は砂場で遊んだらしく、僕は裸足だった。その裸足の足を、何かの拍子に、走っている自転車の前輪のスポークに思いきり突っ込んでしまったのだ。

足がスポークに巻き込まれるガガガガッという鈍い音と僕の悲鳴で、母親は急ブレーキをかけた。裸足だったこともあって僕の足はひどい有様だった。足の甲の肉がベロンと剝けて、血まみれ。その傷の痕は今も僕の足に残っている。

それが僕が憶えている最初の大怪我で、あれから僕は血を見るのを極端に怖がるようになった。

さて、そういう幼少期を過ごしたせいなのか、蛙だのトンボだのを捕まえて、お尻から息を吹き込んでお腹を膨らませたり、羽をむしったりみたいな、男の子らしい乱暴な遊びをした記憶はない。

どちらかといえば、女の子が好むような平和的な遊びをするのが好きだった。

男の子っぽい遊びをしなかったわけではない。近所の公園で、草野球をしたことはよく憶えている。使っていたのは柔らかいプラスチックでできたカラーバットにカラーボールだったから、小学校の低学年くらいのことか。

けれどそれにしても、普通の男の子とはちょっと違っていた。

もちろん自分でボールを投げたり打ったりもするのだけれど、それよりも年上の子たちがホームランを打つのを見ていたことの方が記憶に残っている。自分が何かをするよりも、誰かがしているのを見ているのが好きだったみたいだ。

僕よりひとつ年上の強打者が二人いた。一人は背が低くて太ったドカベンタイプの先輩で、もう一人は格好良くて運動神経が無茶苦茶いい先輩。二人とも僕の憧れで、その当時は彼らがホームランを打つのを見るのが何よりも好きだった。

自分もいつかあんなホームランを打ちたいと思って、純粋に、空高く舞い上がるボールを見るのが好きだったのだ。ボールが飛び過ぎて民家に入ってしまうと、僕が行って、家の人に断ってボールを取らせてもらう。それでも、何度でもその先輩のホームランを見たいと思っていた。

そして、そのホームランがどれだけすごかったか、どんなに遠くまで飛んだかを、その場に居合わせなかった友だちに話して聞かせるのも好きだった。僕が話し始めると、みんなは目を輝かせて聞いてくれた。

近所のお兄さんの家に行っては、その人がドラクエだのファイナルファンタジーだののレベル上げをしているのを眺めるのが、毎日の日課だった時期もある。

テレビゲームがどうも苦手で、自分でやると主人公がすぐ死んでしまう。死なせるのがイヤだったし、いつまで経っても先へ進めないから、上手い人がやっているのを見ていた方がずっと楽しい。そう子供の僕は思ったわけだ。

どうも自分が目立つよりも、人が輝いているところに居合わせることの方が、あの頃は好きだったのかもしれない。

……　4

小さな子供にはたいてい、お気に入りのアニメや映画があるものだ。機嫌が悪くても、そのビデオさえ見せれば機嫌が直るとか、同じビデオを毎日飽きもせず観ているとか。

僕のお気に入りは、「キョンシー」という香港映画だった。

あの映画のどこにそこまで夢中になったのか（キャラクターではテンテンがいちばん好きだった）、今となってはもう思い出せないけれど、とにかく幼い頃は暇さえあれば「キョンシー」を観ていた。何十回も観たはずなのだが、それでも毎回、息が止まるんじゃないかと母親が心配するくらい夢中で画面を見つめていた。

「キョンシー」のビデオがかかると、世界は完璧に「キョンシー」に支配され、周りがまったく見えなくなってしまうのだった。

もちろんただ観ているのではなくて、観ながら頭を猛烈なスピードで回転させていろんなことを考える。

周りが見えなくなるのは、考えることに集中していたからだ。

そのせいなのかなんなのか、子供のくせにとにかく理屈っぽかったように思う。

たとえば親に「門限は五時だ」と言われても、なぜ五時に帰宅しなければいけないのか、その理由をきちんと筋道立てて説明されない限りは納得できなかった。「他の家でもみんなそうだ」なんて、よく大人たちが使う理屈にもならない理屈を持ち出されたりしようものなら、心底腹を立てた。

大人から見れば、かなり可愛気のない子供だったと思う。

その性格は今の僕にもしっかりと残っている。

なにしろ僕は、五感で感じるすべての事象に対して、敏感に、ときには過敏に反応してしまう。普段の生活の中でも、何かを見たり、聞いたりするときには、異常なくらい集中してしまう癖があるのだ。

映画だろうがテレビドラマだろうが、表面的なストーリーを追うだけでなく、そのストーリーの裏側にこめられた意味や、制作者の意図、あるいは時代の流れや、そのドラマがヒットしているとしたらその理由というようなことまで、何から何まで吸収しようとしてしまう。

だから台詞（せりふ）の一言一句も聞き逃したくないし、背景の看板に書かれた文字だって、それに何か隠された意味があるんじゃないかと気になってしまう。

見たり聞いたりすることに、ものすごくエネルギーを使うから、たとえば一本の映画を観るのも一苦労だ。何か意味を見つけようとし過ぎて、ちっとも気が休まらないのだ。

指圧の先生に、「アッシ、お前は欲張り過ぎだよ」と言われたことがある。指圧を受けている最中でさえ、「この刺激はなぜ気持ちがいいのだろう」とか、何か自分のために吸収できることはないかと考えていると言うのだ。

そう言われればたしかにその通りで、僕は何をしているときでも、無意識のうちにそこから何かを吸収しようとしている。わかりやすく言えば、何かに感動するたびに、それが自分の人生や歌に、なんとか応用できないかとつい考えてしまう。

それ自体は悪いことではないのかもしれないけれど、しばしばそれが行き過ぎる。マッサージを受けるときくらいは、考えるのを止めて、リラックスしろということなのだろう。自分としてもそうすべきなのはわかるのだが、なかなか上手くいかない。生まれつきの習性みたいなものは、なかなか直らない。

……

5

ここまで読んでいただいた読者は、軟弱なアッシ少年を想像しているかもしれない。自分が野球をするより他人がホームランを打つのを見るのが好きとか、理屈で説明されなきゃ納得しないとか聞けば、運動オンチで、頭デッカチな子供を思い浮かべてしまうのが普通だ。ところが実際の僕は、ひ弱でもなかったし、運動が苦手でもなかった。むしろ、運動神経はいい方だったと思う。運動会の短距離走も、校内マラソン大会も一位が当たり前だった。おまけに、小学六年生の頃には身長が百七十センチを超えていたから、ランドセルがとにかく似合わない小学生だった。

百七十センチといえば、ほぼ男子高校生の平均身長だ。小学校の教室に高校生がいるようなものだから、どんなスポーツをしても負ける気がしなかった。

そういうわけで、僕は六年生のときに、学校の代表として地元の越谷市の陸上競技会に出場した。

記憶に間違いがなければ、僕はその陸上競技会で、走り幅跳びと六十メートルハードルで二位に入賞する。

そこで、僕はシノダさんと再会する。

幼稚園を卒園して以来、六年ぶりだった。

その陸上競技会で、美しい少女が目の前をすーっと走り抜けたのを僕は見逃さなかった。

幼稚園児と小学六年生では背丈はもちろん、顔かたちもかなり変わっていたはずなのだが、一瞬で彼女だとわかった。すらりと背が高くて、脚が長くて、顔がちっちゃくて、驚くほど可愛かった。

「あ……シノダさんだ」

十二歳の少女に変身したシノダさんを見つけて、僕の頭の中は真っ白になった。

一目惚(ぼ)れのことを、稲妻に打たれると表現する人がいるけれど、まさしくそんな感じだ。幼稚園のときから知っていたわけで、正確には一目惚れと言うのはおかしいのだけれど。

幼稚園の頃から僕の心の底にひっそりと眠っていたシノダさんに対する淡い憧れに火がつい

て、そこに強烈な恋心がドカーンと混ざり合ってしまったとでも言えばいいか。頭の中は、ぐちゃぐちゃのチョコレートパフェ状態だ。

それまでだって女の子を好きになったことはあったけれど、心の騒ぎ方がぜんぜん違った。可愛いなとか、好きだなとかいう感情じゃなくて、もう雷がドッカンドッカン落ちてくる感じ。

彼女の周りの空気までもが、光り輝いていた。

六年近くも会っていなくて、ほとんど思い出したこともなかったのに、あの瞬間から僕の心は彼女に占領された。

それからは、気がつくと彼女の姿を目で追いかけていた。彼女を見つけただけで、心は激しい喜びで満たされた。

僕は恋に落ちたのだ。

いや、ただの恋にしちゃでか過ぎた。だからあれは、もしかすると恋じゃなかったのかもしれない……。

中学校の入学式は、朝からもうドキドキだった。

彼女が僕と同じ中学校に入ることは知っていた。彼女の家と僕の家は同じ学区内にあったのだ。けれど、そんな夢のような話は、自分の目で確かめない限りはとても信じられない。

入学式で彼女を見つけたときには、天にも昇る気分だった。

ただ、残念ながらクラスは違っていた。隣のクラスではあったのだけれども。

もっとも、僕らの通っていた中学校は一学年に九クラスもあるマンモス校だったから、接点はまったくのゼロ。幼稚園でもクラスが違っていたから、まともに喋ったことがない。引っ込み思案で、恥ずかしがり屋で、おまけに思春期に突入した中学一年生としては、何も打つ手がなかった。

彼女と一言も言葉を交わすことができなくて悶々としていた僕に、ある日、決定的なチャンスが訪れる。

地元の学習塾に通い始めたら、なんと同じクラスにシノダさんがいたのだ。

「ヤッター！」

心の中でガッツポーズをした。

それくらいのことで、自分と彼女との間に何か運命的なつながりがあると信じてしまうくらい舞い上がった。そして、タメ語で他愛もないことをメッチャ緊張して話しかけたのを憶えている。

「幼稚園、一緒だったよね？」

たぶん、そんなことを言ったと思う。

彼女がどういう反応をしたか憶えていない。シノダさんのことだから、素っ気ない返事だったと思う。

「あ、そうだね」みたいな。

でも僕は彼女と会話ができただけで嬉（うれ）しくて、嬉しくて、そんなことは気にならなかった。

これからは塾に行くたびに、彼女に会えるのだ。

学習塾に行くのが楽しくて仕方がないし、カッコいいところを見せたいから、そりゃ自然と勉強にも熱が入る。そうしたら成績が上がって、一ランク上のクラスに行くことになってしまった。けれど、それでは彼女とクラスが別れてしまう。塾の先生に「授業についていけないと困るから、クラスをそのままにしてもらえませんか」と頼んでみたこともあった。

それからというもの、なんとかシノダさんを振り向かせたくて、どうしたら目立てるかということばかり考えるようになった。

これが、僕が有名になることを夢見るようになった最初のきっかけだ。

学校で目立つヤツがモテる。それはきっと今も昔も変わらないはず。

彼女に好かれるために、とにかく何かで有名になろうという短絡的な思考に至ったわけだ。

スポーツが得意な僕は、当然のことながらサッカー部に入部した。

当然のことながら、というのはつまりこの年、一九九三年は日本のサッカー界にとって特別な年だったからだ。Ｊリーグが発足した年だ。

それまでは子供に人気のスポーツといえば野球に決まっていたのだが、この年を境にその状況ががらりと様変わりする。日本のスポーツ少年の頭の中は、サッカー一色に塗りつぶされたと言ってもいい。僕の憧れの選手はヴェルディ川崎（当時）のラモス瑠偉さんだった。

いや、もちろん野球が本当に好きな子はあの時期だって夢中で野球をやっていたわけで、要するに僕がミーハーで世の中の流行に乗っかっただけだ。動機がシノダさんだから、それで良かった。

ただ、練習にはかなり真面目に打ち込んだ。いつも全力だった。ウォームアップで学校の外周を走るときでさえ、いつも絶対にトップでゴール。練習が終わって他の部員がみんな帰宅しても、一人で遅くまでグラウンドに残ってフリーキックの練習をしていた。

それもこれも、頑張る僕の姿をシノダさんに見てもらいたかったからだ。夕暮れのグラウンドで一人黙々とボールを蹴って、他の誰よりも一所懸命に練習している姿を見れば、彼女も心を動かしてくれるんじゃないかと思ったのだ。

初めて告白したのは中一の冬のこと。シノダさんの仲のいい女友だちが僕と同じクラスで、その女の子に頼んで呼び出してもらった。

「つきあってください」

素直にそう言ったと思う。

二回目は中二の五月。あのときはたしか、学校の入り口の下駄箱の前だった。三回目は中二の冬で、そのときはたしか手紙。彼女の家まで行って、自分でポストに入れた。四回目は最後のチャンスの卒業式の日……。

四回とも、完璧にフラれた。

彼女は責任感の強い人だから、思わせぶりなことを言わない。期待させるような素振りも、仕草も見せない。悲しくなるくらいに、ぜんぜん、何も響かなかった。

でも、そうなって当然だったのだ。

ほとんど会話したこともないのに、いきなり呼び出して告白するわけだから、上手くいくはずがない。それどころか、シノダさんを怖がらせていたんじゃないかと思う。

けれどあの頃は、そうするしか方法を思いつかなかった。

フラれて、ひどく気まずい思いをして、ものすごく落ち込んで、またサッカーに没頭する。いつか認めさせてやると、意地になる。そして自信がついてくると、また告白する。またもや完璧にフラれる。穴を掘って、地の底まで潜り込んでしまいたくなるくらい落ち込む……。

頑張れば、いつかは認めてくれると思っていた。頑張ってサッカーが上手くなって、目立つようになれば……そう信じて疑わなかった。

目に見えるものと目に見えないものに空想を巡らせているような性格だったはずなのに、人と人の心のつながりがどうやって生まれるのかとか、なぜ人は人を好きになるのかとか、大切なことを考えもしなかった。恋は盲目とはよく言ったものだ。

それにしても、よく頑張ったと自分でも思う。

二回目のチャレンジはあっても、三回目は絶対ない。二回目の時点で、立ち直れないくらい落ち込んだのだ。

あんなに好きだったのに、いい思い出はひとつもない……。


いや、ひとつだけある。

それは寒い冬の夜のこと。塾帰りだから夜の十一時を過ぎていたと思う。自転車置き場に行くと、帰りの生徒たちが自転車のサドルをハンカチで拭いていた。サドルに結露してびっしり水滴がついていたのだ。

僕もポケットからハンカチを引っ張り出しながらふと横を見ると、シノダさんがいた。ハンカチを忘れたらしく、サドルを見つめて立ちすくんでいた。そのまま自転車に乗ったら、服が濡れてしまうだろう。

僕は思わず近寄って、ハンカチを差し出した。

彼女は驚いたように目を見開いた。それからいつになく嬉しそうな顔で、「ありがとう」と言ってくれた。

たったそれだけのことだけれど、その夜のことがずっと忘れられなかった。

彼女のそんな笑顔を見たのは初めてだった。

僕の小遣いは当時二千円。その半分の千円を奮発してジーンズメイトで白いセーターを買った。彼女に似合うと思ったからだ。

クリスマスプレゼントにするつもりだった。けれど、せっかく買ったセーターを渡すことはできず、ずっと自分の部屋に隠していた。

今も冬になって霜（しも）がおりているのを見ると、白いセーターを思い出して、なんだか切ない気持ちになる。


自分の間違いに気づいたのは、二十歳（はたち）をかなり過ぎてからのこと。

仲間内のちょっとした同窓会のような集まりがあって、そこで久しぶりにシノダさんに会った。そのとき、僕はすでにＥＸＩＬＥのＡＴＳＵＳＨＩになっていた。歌手としてデビューして、何千人という観客を前にステージで歌う経験もしていたし、テレビにもちょくちょく出演していた。つまり、その昔、夢見たような有名人になっていたわけだ。

考えてみれば、その瞬間のために、僕はずっと努力を続けてきたようなものだ。

その瞬間というのはもちろん、いつの日にか有名になってシノダさんを振り向かせるという、その瞬間のこと。眩しいくらいに成長した僕を見て、シノダさんは僕を四回もフッたことを後悔し、自分の間違いに気づく……はずだった（ここ、（笑）と入れたい気分）。

けれど、そうはならなかった。

会った瞬間に、中学生時代の昔の関係に戻ってしまったからだ。

「佐藤、久しぶり。元気？　頑張ってるね！　よくテレビで観てるよ」ってなもんだ。

彼女の目に映っているのはあくまで幼馴染みの佐藤篤志であって、ミリオンセラーのグループのヴォーカリストなどではなかった。彼女にとって「ＥＸＩＬＥのＡＴＳＵＳＨＩ」は、佐藤篤志がかぶったお面くらいのものでしかなかった。

シノダさんと話しながら、人間ってここからじゃんと思った。ここから、たとえばシノダさんと喋ってお互いに意気投合して初めて、つきあうとか、つきあわないとかいう話になる。それが自然だし普通なのに、僕はただ有名になって見返してやりたい、ただ有名になってシノダさんに認められたいという、それだけしか考えていなかった。

だけど、そんなことをしたって、人の心を動かすことなどできない。

二十歳を過ぎるまで、そんなことにも気づかなかった。この日までに、一所懸命つきあった彼女だっていたし、夢中になった恋も、切ない恋もしてきたというのに。なんにもわかっていなかった。そのやり方で、その年になるまでずっと生きてきたのだ。

大人になった今の心で冷静に考えれば、あの恋は実らなかったがゆえに、かけがえのない、特別な恋になったのだと思う。

人が星に憧れるのは、どんなに手を伸ばしても届かないからだ。

月だってそうだけれど、月は絶対に手が届かないってわけじゃない。僕が生まれる前の話だけれど、人類はすでに月に到達している。今の人が昔の人ほど熱心に「お月見」をしないのは、そのせいかもしれない。

シノダさんが今も僕にとって特別な人なのは、結局、僕の思いが彼女に届かなかったからでもある。アポロ計画は成功したけれど、残念ながら僕は月面着陸に失敗したということだ。失敗したおかげで、その後もずっと彼女は僕の心の中の夜空で煌々(こうこう)と輝き続けた。

そういう意味では、片思いに終わって良かった。

何回も言うけれど、その良かったという想いに、多少の負け惜しみも混じっているのは事実だけれど。

――ここまで書いてしまったから、思いきって全部書いてしまおう。

恥ずかしい話だ。

僕には小学校の六年間と、中学校の三年間をずっと一緒に過ごした友人がいる。いわゆる親友といえばそうなのかもしれないが、改めてそう呼ぶのも恥ずかしくなるくらい、まあ言ってみれば腐れ縁というくらいの長いつきあいで、中学校の三年間は部活も一緒。つまりその友人もサッカー部だった（ちなみに、彼は今、僕らの所属事務所であるＬＤＨで働いてくれていて、どこまでも縁がある……）。

この友だちが中学二年生のときに、よりによってシノダさんの心を射止めてしまった。僕がシノダさんに二回目の告白をする前だったか、後だったかは忘れたけれど、気がついたら、いつの間にか二人はつきあっていた。

僕は、そいつと大好きなシノダさんのカップルを心から祝福……なんて、できるわけがない。そうできれば格好良かったかもしれないけれど、それほど僕の心は広くもなければ、潔くもなかった。

はっきり言って、嫉妬した。

サッカーの練習だって、僕の方が遥（はる）かに一所懸命にやっていた。その友だちはどちらかと言えば、練習をサボるタイプの部員だった。二年生のときには、僕は越谷市の選抜チームのメンバーにも選ばれていたし、サッカー部のキャプテンでもあった。

なぜシノダさんは僕ではなく、あいつを選んだのか。

女心なんてちっとも理解できなかった僕は、彼が何かズルいことをしているんじゃないかと疑った。シノダさんは騙(だま)されているんじゃないか、と。

ただ、いくら中学生でも、さすがにそういうことを直接、その友人やシノダさんにぶつけるほど幼くはなかった。表面上は、大人の振る舞いをした。

つまり、自分はそんなこと気にしていないというフリをした。

理屈で言えば、彼が誰を好きになろうが、それは自由なのだ。もちろんシノダさんが誰を好きになろうとも……。

そんなことは百も承知だけれども、それとは一切関係のないことで、僕は一度だけ、彼に辛(つら)く当たったことがある。あるとき彼が練習をサボっているのを見つけて、いつもの倍くらい腹が立った。そこでサッカー部のキャプテンとして、ランニング五キロのペナルティを課したのだ。許し難い幸運に恵まれたその友人に。

ところが、普通に走れば三十分もかからずに帰ってこられるコースなのに、一時間近くも彼は帰ってこなかった。そして、やっと帰ってきたときには「こんなことやってられるか」という顔をしていた。

その顔を見て、僕は「友だち」という存在と、初めて取っ組み合いのケンカをした。もちろん、部員全員が止めに入って終わったわけだが……。


まあ、そういうこともあって、彼女は僕の永遠の人になった。

あの頃は、心臓にナイフが突き刺さったまま歩いていたようなものだ。心はいつもひりひり痛かった。

前にも書いたように、ごく普通の男子として、シノダさんのことを忘れてしまうくらい夢中になった彼女もいた。

それでも、その恋が終わるとすぐに、フワ〜ッとシノダさんの顔が必ず浮かんでくる。

地元で偶然彼女の姿を見かけたり、彼女の夢を見たりした後は特に辛かった。

ただ会いたくて、胸が苦しかった。

忘れたつもりでいた彼女への想いが、心の表面に浮かび上がって僕を苦しめた。

雨が降ったり、気温が急に下がったりすると、鈍い痛みでその存在を思い出させる古い傷痕のように。

こういう経験が自分のためになったと思えるのは、ひとつには歌詞を書くようになったからだ。

幸せなときは、あまり心に詩が浮かばない。

満ち足りた心は、歌わないからだ。

悩んでいたり、悲しかったり、感情的になっているときほど、詩が書ける。

人が歌を歌うのは、心に秘めた想いがあるからだろう。

誰かに伝えたい気持ちがあって初めて、人の心に言葉が湧く。

伝えたいのに、伝えられない心の苦しさの結晶が、詩になる。

シノダさんのことを思い出すと、言葉がどんどんあふれてきた。

これは心の底から負け惜しみでもなんでもなく、思春期の真っ直中で失恋し続けたあの経験は、僕が詩を書く上で、大きな影響を与えてくれる、言葉では言い表せないくらい大切な宝物だ。

成就した恋だけに価値があるわけじゃない。実らぬ恋もまた、長い人生においてはかけがえのない大切な経験なのだ。

今年の冬は　どんな季節だろう
あの街は　どんなふうに見えるのだろう

あの日渡した真っ白いセーター
今もずっと胸に残る
あの雪景色

響け　Ding Dong チャイム　夜空へ
あの日に　恋に落ちて
この心はあなたをずっと待っていた

今年もひとつ　年を重ねて
またひとつ愛を知って
恋が終わっていく…

響け　Ring Dong チャイム　あなたに

今でも僕の中で
この想いを抱きしめ　春を待っていよう

傷つくことで　失くしたものを
探すことはもうやめよう
二人が出会えた奇跡
ほら幸せが溢れていくよ

冬の空に願うよ
運命がつながるように
そう信じていたくて
想いが溢れる

響け　Ding Dongチャイム　夜空へ
あの日に　恋に落ちて
この心はあなたをずっと待っていた

今年の冬は　どんな季節だろう
あの街は　どんなふうに見えるのだろう

（『あなたへ』　作詞：ATSUSHI　作曲：TATSURO MASHIKO）

……

6

もしも、あの片思いが成就して、二人がつきあっていたとしたら、現在の僕はどんな夢を持って生きていただろうと思うことがある。

もしかしたら、彼女と過ごす天にも昇るような日々に心を奪われて、夢なんか持たなかったかもしれない。

あの思い込みが、すべての始まりだ。

あの道が、そのまま今、僕が歩いている道につながっている。

いや、そのまま続いているわけじゃないか。

途中で、かなりの寄り道もした。

中学校に入ってから始めたサッカーだったけれど、努力の甲斐(かい)あって、僕は市の選抜チームの選手に選ばれた。これは、このまま頑張れば、いけるんじゃないかと思った。そのときには、もう本気でプロになろうと考えていた。

有名になるには、自分の持っている能力の中で、最高の能力を発揮できる職業を目指すのがいちばん効率がいい。つまり僕にとっては、運動神経を生かすのが最善の選択だったというわけだ。勉強は大嫌いだったけれど、極端に苦手というわけではなかった。ただ、そっちの方向で有名になるには、毎日何時間も机にかじりついて（！）努力しなきゃいけないことは、はっきりしていた。

今考えれば単なる井(い)の中の蛙(かわず)だったのだが、中学校のサッカーレベルでは少しばかりの自信があった。ポジションはミッドフィルダー。自分の努力のすべてを、サッカーというスポーツに注ぎ込んだ。

そして都内の私立高校に進学し、当然のようにサッカー部に入部する。

けれど、すぐにやめた。

自分には無理だと思ったからだ。高校の強豪チームには、テクニック面でも体格面でも、足の速さでも、僕くらいの選手はいくらでもいた。日本全国を考えれば、何百人何千人いるかわからない。それに気づいた瞬間、自分はプロのサッカー選手にはなれないということをはっきりと理解した。

「あ、もうこれは夢を変えなきゃいけない……」

やめるときは悔しかったし、部室で涙も流したけれど、現実を受け入れざるを得なかった。

サッカー部を退部した僕が、次にどうしたかといえば、サーフィンを始めた。今度はプロのサーファーを目指したのだ。

けれど、この夢もすぐに諦めた。実際にサーフィンをやってみて、自分がプロになるのは難しいと判断したからだ。

夢を諦めるのが早過ぎる。そう笑う人もいるに違いない。

夢をかなえるには時間がかかる。夢が大きければ、なおさらだ。石の上にも三年じゃないけれど、最初は不可能としか思えない夢だって、諦めずに我慢して取り組めば、いつかは実現しないとも限らない。諦めてしまったら、どんな夢だってかないはしない、と。

けれど僕は、諦めたのではなくて、判断したのだと思っている。

高校のサッカー部を退部したのは、自分より遥かに能力のある人間がこの世界にはたくさんいることを知ったからだ。

歴然とした体力の差を感じた。身体(からだ)の大きさにしても、足の速さにしても。この差をひっくり返すのは無理だと思った。自分が井の中の蛙だったことを悟ったのだ。

サーフィンをやめたのも、似たような理由だ。海へ行けば僕よりもずっと年下の中学生や小学生でも、ものすごくサーフィンの上手い子がザラにいる。彼らはライフスタイルとしてサーフィンにどっぷり浸(つ)かっていた。そこで育ち、幼い頃からサーフィンを始め、学校へ行く前に海に入り、学校から帰って海に入って、という生活をしている。

それに対して僕は、頑張っても埼玉から週に一回サーフボードを抱えて波乗りに行けるか行けないか。しかも、もう高校生だ。

勝てるわけないじゃんと思った。

そういうところだけは、途轍(とてつ)もなく現実的で、冷静なのだ。本気で有名になることしか考えていないからこそ、見切りをつけることができる。

自分では、そうとらえている。

そんなことやってみなければわからない。未来は誰にも予測できやしない。最初からプロになれる人なんてどこにもいない。今は歴然とした能力の差があっても、死ぬ気で努力すればその差を覆せるかもしれない。その努力をするのが嫌だから、無理だとか、勝ち目がないとか言ってるだけなんじゃないか、という意見もあるだろう。

たしかに、夢を簡単に諦めるのは間違っている。

努力を重ねて、夢を実現するのは人生の醍醐味だ。

たとえ夢が実現しなかったとしても、努力することに意味がある。

それはわかるけれど、それでもやはり僕はあのときの自分の決断が間違っていたとは思えない。もしあそこで諦めなければ、僕は日本代表のメンバーとしてワールドカップで戦っていたとか、プロサーファーになって世界チャンピオンになっていた……なんて可能性は、万にひとつもない。

あれは正しい判断だった。

たとえば僕が夢見たのが他の職業だったら、そんなに簡単に諦めはしなかった。時間はかかったかもしれないけれど、なんとかその世界で身を立てられるようになるまで努力を続けたと思う。けれど、そういう話ではなかった。

僕が目指したのは、プロのスポーツ選手だ。

どんなスポーツであれ、プロで食べていけるのはごく一握りの人間に過ぎない。チームメイトもライバルも含めて、高校生レベルで知り合える範囲内で、自分が一番かあるいは百歩譲っても二番手くらいの才能に恵まれていなければ、たとえどんなに努力を重ねたところで、プロになれる可能性は限りなくゼロに近い。

それくらいのことは、高校生の僕にもわかった。

誰から見たって可能性がゼロに感じられる夢を実現してしまう人ももちろんいる。一流のプロスポーツ選手の中にも、中学生や高校生のときはとてもプロになるような選手じゃなかったという人だって、いないわけじゃないだろう。

けれど、それは他人の目には不可能と映っていたというだけのことだ。世界中の人が人間が空を飛ぶなんて不可能だと言ったとしても、ライト兄弟は飛べると信じていたはずだ。学生時代はパッとしなかったのに、プロで活躍しているスポーツ選手だって同じこと。中学時代はチームでいちばん野球が下手でも、本人の心の中に自分ならできるという確信があったからこそ、努力してプロになれたのだと思う。

僕にはその確信が持てなかった。正確に言えば、そういう確信はどんなに頑張っても持てないだろうと判断したのだ。

何かに憧れて、自分もその何かになりたいと願うのは、人の心の自然な働きだ。

だからといって、人はなんにでもなれるわけではない。現実の壁は、厳然としてそこに存在している。

もちろん、その壁を壊してはいけないなんて決まりはどこにもない。

大きな夢を実現した人は、そういう現実の壁を打ち壊して自分の夢を実現している。打ち壊した現実の壁が高ければ高いほど、世の中は彼を賞賛する。

壁は壊せばいいのだ。

ただし、壁を壊せるかどうかはまた別の問題だ。

どんなに憧れても、望んでも、壊せない壁はある。

だから、自分にその壁が壊せるかどうかを判断しなければいけない。

憧れや願望が強ければ強いほど、この判断は難しくなる。どうしても自分に甘く、希望的観測を持ってしまうからだ。

だからこそ、夢と憧れを混同してはいけない。

自分は単に憧れているだけなのか。それとも、それを自分の夢として胸に抱くだけの根拠があるのか。今すぐにではなくても、いつかは必ず壁を壊せると、確信できるのか。

夢を持つには、そこをはっきりと、自分で見極める必要がある。

勝算のない夢を追いかけるような時間を過ごす余裕は、僕にはなかった。

夢は実現してこそ、意味があるのだと思っていた。

改めて断るまでもないとは思うけれど、これはあくまでも僕の考え方だ。僕が「夢」をどう考えているかという話。

実現できない夢には意味がないなんて、そんなことは言わない。

たとえ実現しなくたって、夢を持つことは悪いことではない。いやむしろ夢なんてものは、かなわないからこそ夢なんだと言う人もいるだろう。

そういう考え方を否定するつもりはまったくない。夢だって実現させることだけに価値があるわけじゃない。

けれど、それでも敢えて、僕は夢を実現させることにこだわる。

最初に書いたように、小さな夢でいいのだ。

小さな夢でいいから、とにかく実現する。

夢を実現すれば、自分が変わる。その自分が変わる感覚を、一度でいいから味わってみてほしい。そうすれば、僕が言いたいことがわかってもらえると思う。

自転車に乗れるようになるまでは、自転車に乗れるということがどういうことかわからなかった。けれど、ひとたび自転車に乗れるようになったら、もう説明はいらない。

頬を撫でる風の気持ち良さを感じながら、どんどんペダルを漕ぐだけで、どこにだって行けるような気持ちになる。

夢を実現するというのは、つまりそういうことだ。

実現できない大きな夢を抱きながら生きるのも、もしかしたら悪いことではないかもしれない。ただし、それでは夢を現実にする喜びは経験できない。頰を撫でる風の気持ち良さは永遠に味わえない。

カッコ良く言えば、僕がサッカー選手を諦め、プロサーファーを諦めたのは、頰を撫でる風の気持ち良さを味わうためだった。


……

7

高校は都内の私立の進学校に入った。

中学生までは、そこそこ勉強はできる方だったのだ。試験の順位でいえば三百人中でたしか最高十四位だったたし、通信簿もほとんど四か五だった。

それが高校に入って、物理の試験でいきなり八点をとった。授業は聞いていたつもりだし、試験勉強もちゃんとやったつもりなのに八点。

その瞬間に、もう意味わからんと思った。

「あ、俺、向いてねえ」と。

そのあたりからだんだん勉強に興味を失って、遊ぶことに心を奪われていった。言い訳をすれば、埼玉の町しか知らなかった中学生が、高校生になったとたんに都心（高校は池袋の近くにあった）に通うようになったのだ。池袋の街は、高校男子には眩し過ぎる遊び場だった。

当時、池袋には多くの若者が集まってきていた。チーマーやコギャル、さらにはカラーギャングなんて呼ばれるグループもあったりして、突如として沸き起こった若者文化で大いに盛り上がっていたのだ。池袋西口公園が「ナンパ・コロシアム」と呼ばれていた時代だ。

触れたことのない刺激的な空気に最初はおっかなびっくりだったけれど、すぐに慣れて、繁華街を歩くようになる。カラオケに行ったり、ただ友だちと喋っているだけでも、気の合う仲間同士でいれば、それだけで楽しかった。

もちろん、高校生にもなればいっぱしの反抗期というやつで、多少背伸びをしていたのも事実だ。カッコつけてお洒落（しゃれ）をしたり、ピアスをあけたりして、かなりイキがっていた。

大人になってからバカなことをしていた時期を反省するのは簡単だ。

でも、それなら今、あの時代に戻っても、もう絶対にそんな無駄なことはしないと自信を持って言える人が何人いるだろうか。

僕は言えない。

あのときには、あのときの事情も、気持ちもあったのだ。それは僕にとって、一度はくぐり抜けなければならない試行錯誤だった。

人は何もわからない、白紙の状態でこの世に生まれてくる。

赤ん坊が子供になり、少年になって思春期を迎え、女の子を好きになる。たまたまその女の子も僕のことを好きになってくれればいいけれど、人生なかなか上手くいかない。フラれる。落ち込む。なんとかして女の子にモテようともがく。

世の女性たちが夢中でサッカー選手を応援している姿を見れば、そうかサッカー選手になればいいんだと思う。

サーフィンをやったのも、お洒落して遊びに夢中になったのも同じこと。

カッコ良くなりたかった。

カッコ良くなって、女の子に憧れられる男になりたかった。

ただ、あの頃は本当に格好いいとはどういうことなのかがわかっていなかった。

どんなにイケメンで、どんなにスタイルが良くて、どんなにお金を持っていて、どんなにすごいクルマに乗っていても。そんな格好良さは、ライブ会場に降りそそぐ大音響やレーザービームのシャワーと同じで、一瞬で消えてしまう。

そんなことは、本当はどうだっていいのだ。

格好いいか悪いかは、一所懸命に生きているかどうかで決まる。

自分を知り、夢を持ち、その夢を実現するために一所懸命に生きているヤツがいちばん格好いい。

そういうことがあの頃はわからなかった。だから試行錯誤を繰り返して、いろんなことを試す必要があったのだ。

大人の目には、サッカー部に入ってプロ選手を目指すのと、ピアスをあけて街を歩き回るのは、まったく別のことに見えるかもしれない。

けれど、あの頃の僕にとっては同じことだった。


大人はいろんなことを言う。

自分の将来のことをしっかり考えろとか、もっと人生に夢を持てとか。心配してくれているだろうことはわかるけれど、残念ながらそういう言葉は、ほとんど若者の心には届かない。

そんな心に届かない小言を言うよりも、もっと丁寧に若者のやろうとしていることを見守ってやれないものかと思う。

動機なんて、しょせんそれほどたいしたものではない。

それは自分が若かったときのことを思い出せばわかるはずだ。

ただ目立ちたかったり、言葉で説明しきれない、やり場のない気持ちを抱えていたあの頃のことを。異性に、意中の人に、ただ振り向いてほしくて努力していた、一途（いちず）な気持ちを。

最初はそれでいい、と僕は思う。

大人の言うことがどんなに正しくても、人間は正しいことのためになんて、たいした力は出せやしない。

人が本当に力を発揮するのは、自分が本当に好きなことのためだ。

大切なのは、動機がなんであれ、何かのために努力する生き方を学ぶこと。そして努力の結果、何かを達成する喜びを知ること。

人間の若者にとって、それは雛鳥（ひなどり）が空の飛び方を憶えるのと同じことだ。努力して何かを成し遂（と）げる喜びは、社会という名の空を飛ぶための翼だ。

雛鳥は自分の将来のことを考えて、空を飛ぶ練習をするわけではない。それはある種の本能だ。人間だって、本質的にはそうなのだろうと僕は思う。

僕の話をすれば、女の子を好きになって、最初はその女の子の気を惹（ひ）きたいばっかりに、そして何度もフラれた後にはなんとか見返してやりたくて、何かで有名になろうとした。そしてサッカーに夢中になったり、サーフィンを始めたり、いろんなことをやった。

でも有名になるなんて夢が、簡単にかなうわけもない。あっちに頭をぶつけ、こっちで躓(つまず)きながら、試行錯誤したわけだ。

試行錯誤を繰り返している間に、試行錯誤そのものに夢中になっていた。シノダさんに認めてもらうという最初の目的を、いつしか忘れていた。

そして、いつの間にか夢中でひとつのことに打ち込んでいた。

僕はヴォーカリストになったのだ。

第三章

音楽

1

……人が人生に迷ったり、悩んだりするのは、答えがどこか遠くにあると思い込んでいるからじゃないだろうか。

それは、間違っている。

すべての答えは、今、ここ、にある。

今、ここ、に自分が持っているもので、すべての問題は解決できる。

本気でそう思えるかどうか。

どんなに大きな問題であれ、解決できるかどうかは、そこにかかっていると僕は思う。

この宇宙でいちばんの奇跡は何か。

それは、自分が、今、ここで生きているという奇跡だ。

自分が、自分自身であるという奇跡だ。

それ以上の奇跡はない。

これこそが奇跡の中の奇跡。この世で最大の、本物の奇跡だ。

宇宙がどれだけ広大であろうと、その広がりは今、僕がこの文章を書いている、この場所から広がっている。

そして読者であるあなたがこの文章を読んでいる、今、その場所から。

ここ、が宇宙の中心なのだ。

ここ、から宇宙は広がっている。

僕がいる、今、ここ。

ここがこの宇宙の中心であり、頂点なのだ。

あなたがいる、今、そこ。

そこも宇宙の中心であり、頂点なのだ。

こんな不思議なことがあるだろうか。

奇跡の真っ直中に僕らはいる。

ここ、からすべては始まる。

それこそが、この宇宙で起きている最大の奇跡だ。

悩んだり、迷ったりしたとき、僕は目を閉じ、心を鎮め、そのことを考える。

自分が自分であること。自分が今、ここ、にいること。

僕の心が、その当たり前のことの真実の姿、それが実は信じられないような奇跡であることをはっきりと思い出すまで。

誰だって子供の頃は、そんなこと知っていた。

赤ん坊が自分の手を見て、嬉(うれ)しそうに笑っている。

目の前にかざした手の指が、自分の思った通りに開いたり、閉じたりするのに驚いて笑っているのだ。

小さな子供が、キャッキャと笑い声をあげて走っている。

風が頬を撫(な)で、地面が流れるように通り過ぎるのが嬉しくて笑っているのだ。走ることが楽しくてたまらないから。

自分が心に思いさえすれば、思った通りに指が動く、こんなに素敵なことがあるだろうか。

脚を思いきり動かせば、まるで風のように走ることができる。

自分はなんてすごいことができるんだろう。

僕たちみんなが、かつてはそういう世界を生きていた。

いや、実は、今もそこで生きている。

忘れているだけだ。

本当に悩んだり、迷ったりしたときは、遠くを探す必要はない。

ただ素直に、そのとき自分にできる最善を尽くせばいい。それだけでいい。

プロのサッカー選手になることを諦め、プロサーファーになることを諦め、さて次は何をしよう、自分は何で有名になろうと考えていた頃のことだ。

中学校時代の友だちが、バンドに入らないかと声をかけてきた。彼はヴォーカリストを探していた。

歌うのは嫌いじゃなかったし、自分が何をすべきか見失っていた時期でもあったから、僕はあまり深く考えず、カラオケに誘われて「おう、行くよ」と答えるみたいに、ほんとに軽い気持ちでその誘いに乗った。

そして全国に何千何万とあるに違いない、高校生のアマチュアバンドのヴォーカリストになった。

正直に言えば、すぐにそれが答えだとわかったわけではない。

地図に載っていない道を歩くようなもので、最初はその道がどこに続いているのかわからなかった。ただ、その道を歩くのが楽しかった。サッカーやサーフィンをやっていたときのように、この道をどこまで進んでも、どこにも行き着かないだろうという心の声は聞こえなかった。

そして、丘を越え、森を抜け、歩いていくうちに、少しずつ、ほんの少しずつ見えてきたのだ。この道がどこに続いているのかが。

もちろんあの頃は、確かなことなど何ひとつない。

完全に、未来は真っ暗な闇の向こうだった。

今から思い返せば、あそこからここまで一本の真っ直ぐな道が続いていたように思えるけれど、それはあくまでも結果論だ。

あれは道なんてものですらなかった。むしろ細い綱渡りのロープだ。何かがほんの少し違っただけで、僕は真っ逆さまに下に落ちていた。

風の吹く夜道を、ロウソクを抱えながら歩いて来たようなものだ。

ロウソクの炎は、僕の夢。消えればそこで夢は終わりだ。

だから風に吹き消されないように、背中を丸め、両手と身体で必死になって、小さな炎を守りながらとぼとぼと歩いてきた。

星と星とをつないで星座に見立てるように、小さな成功や、小さな自信をひとつひとつつないで、かろうじて不確かな未来を思い描き、必死で心を励ましながら歩いてきたのだ。

夢を持つとはそういうことでもある。

けれど、ひとつだけ不思議なことがある。

僕は小さな子供の頃から、歌を歌うことが僕に与えられた天職なんじゃないかと、根拠なんてひとつもなかったけれど、そんな気がしていた。ここまで書いてきたこととかなり矛盾して聞こえるかもしれないけれど、僕は子供の頃から、自分が歌手になる気がしていたのだ。

……

2

格好良くいえば、音楽という翼を与えてくれたのは僕の父親だった。

父親のおかげで僕は四歳のときにピアノを習い始めて、高校を卒業するまで続けた。

もっとも、長くは続けたけれど、真面目（まじめ）な生徒ではなかった。

ピアノのレッスンなんてものは、ただ受けているだけではあまり意味はない。家で毎日きちんと自分で練習をして初めて上手（うま）くなる。才能の問題を別にすれば、ピアノの上手い下手（へた）はピアノを弾いた時間の長さで決まるのだ。

だからレッスンの予習と復習は絶対に欠かせないのだけれど、それをよくサボっていた。しかも高校生になってからは、週に一回のレッスンだけだから、ほとんど上達はしなかった。ピアノは弾けるけれど、ちゃんと弾ける人の中ではかなり下手な部類に入るし、つまり自分ではあまり自信がない。楽譜を読むのは遅いし、初見でぱっと弾くのも苦手だ。

ただ、あまり自慢はできないけれど、物心つくかつかないかの頃からほとんど大人になるまで、まがりなりにも十五年近くピアノに触り続けていたことが、僕の音楽の基礎体力になったことは間違いない。

歌手の格好良さを、子供の僕に教えてくれたのもオヤジだ。

学校から帰ってくると、オヤジがピアノに向かい、そのピアノを弾きながらビートルズの『レット・イット・ビー』だの、ジョン・レノンの『イマジン』、ビリー・ジョエルの『オネスティ』なんかを歌っていた光景を今もよく思い出す。

僕はその演奏を、こたつに入ってよく聴いていた。

独学で身につけた自己流の演奏だけれど、オヤジはなんとか人前で披露できる程度にはピアノもギターも弾けたのだ。その演奏技術と同じくらいブロークンではあるけれど、英語も話せる。髭を生やして、いつも髪をオールバックに撫でつけているオヤジは、友だちのお父さんとは少し違って見えた。

そういえば、音楽とはまったく関係ないけれど、幼い頃はオヤジに髪の毛を撫でられながら眠るのが大好きだった。撫でるというか、梳かすというか。指を櫛のように使って、髪の毛をさらさらと撫でられていると、あまりにも気持ちがよくて、あっという間に瞼が重くなって、目を開けていられなくなるのだ。

生まれて初めてCDというものを見せてくれたのもオヤジだった。レイ・チャールズがサザンオールスターズの『いとしのエリー』をカヴァーした『エリー・マイ・ラブ』と、山下達郎さんの『クリスマス・イブ』の二枚のシングルCDだった。「これがCDだ」と言われ、これからはこのピカピカ光った小さな円盤から音楽を聴くようになると知って、ものすごくびっくりしたのを昨日のことのように思い出す。

まあ、そういう感じで、オヤジが洋楽好きだったおかげで、僕はモノゴコロがつく前から大人の音楽に自然に触れていた。オヤジのことだから、もしかしたらまだ僕が母親のお腹(なか)の中にいた頃から、胎教とかなんとか言って、格好いい音楽を僕に聴かせていたんじゃなかろうか。

オヤジのおかげで、僕は音楽の充ち満ちた世界に生まれてきた。

オヤジの存在や、オヤジの醸(かも)し出す雰囲気の中で、僕は音楽というものを空気のように自然に呼吸しながら育った。

僕はそのことを深くオヤジに感謝している。

まぁ、あまり褒(ほ)めると調子に乗るので、このくらいにしておこう。

モノゴコロついたときから歌うのは好きだった。

「天才・たけしの元気が出るテレビ‼」の人気コーナーだった「ダンス甲子園」も好きだったし、山田邦子さんの「やまだかつてないテレビ」、また「夜もヒッパレ」などの歌番組が大好きで、ビデオに録画しては何回も繰り返して観ていた。

でも、かなりの恥ずかしがり屋だったから、親がいるときは歌わなかった。テレビで誰かが歌っているのを聴きながら、自分が歌ったらどうなるんだろうと考える。自分の部屋に戻り、一人でラジカセで曲をかけながら、子供なりに声を似せてこっそり歌うのが好きだったのを憶えている。

人前で歌うようになったのは、母親たちの集まりがきっかけだ。

母親の友だちのお母さん連中が、自分と子供だけ（父親抜き）で三家族くらい集まって、近所の居酒屋の二階で一週間か二週間に一度食事をしていた。そこにカラオケがあって、よく他のお母さんたちから「あっくん、歌って」とカラオケをリクエストされたものだ。

当時は九十年代Ｊ－ｐｏｐの全盛期。僕はＫＡＮさんの『愛は勝つ』とか、米米ＣＬＵＢの『君がいるだけで』とか、たまの『さよなら、人類』が好きでよく歌っていた。

僕が歌い始めると、お母さん連中は感心した顔で聴いていた。「あっくんは歌が上手いね」と褒められれば悪い気はしない。子供だから、どう返事したらいいかわからなくて知らん顔をしていたけれど。

ワムの『ラストクリスマス』は英語の歌詞を耳で聴いて、意味もわからないままカタカナで書き起こした歌詞を丸暗記して歌った。当時はまだラジカセが主流で、カセットテープを何度も巻き戻しながら歌詞を書き起こしていた。

本筋とは関係ない話だけど、僕はテープを再生しながら巻き戻しボタンを押して、キュルキュルという音をたてるのが嫌いだった。だから、いつだってきちんと停止ボタンを押して、巻き戻していた。

もうひとつ、はっきり憶えていることがある。

当時、大ヒットした曲があった。その時期、人気を集めていたある歌手の曲だ。

その曲を、僕は例によってラジカセで何度も聴きながら歌っていた。

歌いながら、ふと思った。

(この人……この部分をどうしてこんな風に歌うのかな)

最初は完全に真似して歌っていたのだが、それを繰り返しているうちに、いつの間にか自分なりの表現や歌い方を考えるようになっていたのかもしれない。

(歌い出しのところ、僕だったらこういう風に歌いたいなぁ)

なんだかプロのシンガーにイチャモンをつけているようで、今思えば生意気だし申し訳ないけれど、そう思った気持ちに嘘はない。

テクニック的に上手く歌うのとは微妙に違う。もっと、こう歌ったら伝わる、と言った方がニュアンスは正しいかもしれない。

この部分はこう歌った方がいいはずだとか、あそこはもう少し優しく……考え始めたら、歌い方のプランがいくつも心の中に浮かんできた。

（歌うのって面白いな）

実感としての記憶はないけれど、アッシ少年はそう思ったんじゃないか。

（同じ歌でも歌い方によってずいぶん違って聴こえるし、突き詰めて歌っていけば、人の心を動かすことができるんだ！）

あの感覚はなんだったのだろうと、今でもときどき思い返すことがある。

モノゴコロつくかつかないかの幼い頃に、すでに僕は答えを持っていたのかもしれない。

自分の人生の答え、すなわち、この人生で自分が何をなすべきかについての答えを。

ただ、幼い僕の心は、それが答えだと気づかなかった。灯台下暗しというやつだ。

歌うことにこれだけ興味を持って、いろいろと考えてもいたのだから、そのまま歌手になることを夢見てもよさそうなものだけれど、そういうことは少しも考えなかった。

サッカー選手だの、サーファーだのはあっても、ミュージシャンという選択肢は思いつかなかったのだ。不思議な話だけれど、逆に言えばそれくらい、僕にとって音楽は当たり前のものだったということなのかもしれない。

幸せの青い鳥は、遠い山の向こうにいると思い込んでしまったのだ。

……

3

僕をバンドに誘ったのは、中学校時代の同級生だった。前後関係がいまいち曖昧(あいまい)なのだが、確か高校二年生になったばかりの頃だったと思う。

バンドメンバーのベース担当だったやつの好きな女の子が、オーストラリアに一年間留学することになった。その彼女のために、ＧＬＡＹのコピーバンドでミニライブをやりたいというのが話の始まりだった。彼女が熱烈なＧＬＡＹファンだったのだ。

ＧＬＡＹのベーシストのＪＩＲＯさんが歌う曲があって、それをそのベースのやつが彼女のために歌うのがライブのクライマックスだ。でも、彼はあくまでベース弾きだから歌はそれほど上手くない。その一曲だけじゃライブにならないから、残りの曲はアッシが歌ってくれないかと頼まれたのだ。

ＧＬＡＹの曲は大好きだったたし、なにしろものすごい人気だから街中でもテレビでもよくかかっていた。

僕は、ほんとに軽い気持ちで引き受けた。

しかし、最初のリハーサルで歌い始めた瞬間に、「なにこれ、ムズっ」と思った。生の楽器の演奏で歌ったのは、これが初めてだ。

『Yes, Summerdays』という曲だったのだが、カラオケのときみたいに歌えない。エコーもないし、演奏がうるさくて自分の声量じゃぜんぜん足りないし、音程だってとれない。

俺ってこんなに下手だったんだ、と愕然(がくぜん)としてしまった。

ただ、サッカーやサーフィンのときのように、さっさとやめようという気持ちにはなぜかならなかった。なんであれ見切りをつけるのが早いのが、自分の長所だと思っていたのに。思い通りに上手く歌えないもどかしさに四苦八苦しながらも、考えていたのは、「俺、これ真剣にやりたい」ということだった。

困難に直面した瞬間に、これは無理だと判断してすぐに諦めてしまうのではなく、なんとかしてやり遂(と)げてやろうという気持ちに、生まれて初めてなったのだ。

初ライブは今も忘れない。お客さんはオーストラリアに行ってしまうその女の子と、僕をバンドに誘ったギターの彼女。狭い音楽スタジオに、パイプ椅子を二つ並べて客席にした。アマチュアバンドの練習を、女の子の友だちが覗(のぞ)きにきたという程度のことだろうが、僕は言いようのない高揚感を味わっていた。

あのときの気持ちを分析してみれば、いくつかの喜びが重なっていたのだろう。

まず何より、たった二人とはいえ、お客さんがいたということ。彼女たちは、下手くそな僕らの音楽に手を叩いて喜んでくれた。お客さんといっても、身内みたいなものだし、チケットを買ってきてくれたわけでもない。けれど、そんなことは関係ない。自分の歌が誰かを喜ばせているという感覚と、その光景。それが僕にとっては決定的だった。

今までに経験したどんなことよりも、それは僕の心を奮い立たせてくれた。

音楽はずっと好きだった。

けれど、それを自分の一生の仕事として考えられなかったのは、心のどこかに強制されているという思いがあったからだ。

オヤジが純粋に僕のことを考えてピアノを習わせてくれたことは、今の僕なら完全に理解できるし、心から感謝してもいる。オヤジは「将来きっと、お前のためになるから」と言っていた。音楽のプロになるということではなくて、どんな職業に就(つ)こうと、楽器が弾けることが僕の人生を豊かにしてくれるという意味だろう。

けれど、子供の僕には将来なんてものは、永劫(えいごう)の未来のそのまた先の、自分とはほとんどなんの関係もない世界の出来事だった。動かない指を動かして鍵盤を辿(たど)るより、友だちとクワガタムシを捕りに山に行きたかった。

子供には、子供の都合もつきあいもあるのだ。幼い頃のぼんやりした記憶だけれど、「ピアノに行きたくない、行きたくない」と泣いて訴えたのに、無理矢理引きずって連れていかれたこともある。

あのとき、世の中には本気で泣いて頼んでも、聞いてもらえないことがあるんだということを知った気がする。

成長するにしたがって、だんだんピアノも嫌いじゃなくなってきて、そこまで抵抗することはなくなったけれど、やはり強制されているという思いが、喉（のど）につかえた飲み込みにくい塊（かたまり）のようになって心に残っていたのだろう。

あの初ライブの二人の観客の笑顔が、その塊を跡形もなく溶かしてしまったのだ。

それともうひとつ。バンド活動をちょっとでもかじったことのある人なら誰もが知っているであろう、仲間と何かを作り上げる喜びを感じたことも大きい。

僕らのバンドは、結成してわずか数週間。演奏も歌もハチャメチャだった。それでも、それなりにカタチにはなっていた。自分たちが下手なのはよくわかっていたけれど、思ったほどは下手じゃないというか。「あれっ、まるでバンドみたいじゃん」みたいな……。

プロの人たちの演奏を聴いていると、自分たちには到底あんなことできるわけがないと思ってしまうけれど、メンバーそれぞれに楽器を割り振って、下手なりにそれぞれのパートの練習をして合わせてみると、想像したよりもずっとバンドらしい音楽になっている。不格好ではあるけれど、ひとつの形になっていると思えたのは、とにかく楽しくて嬉しい経験だった。

バンド活動の最初の喜びはそこにある。そして、簡単に言えば、僕たちはそれに夢中になってしまったのだ。こんなに楽しいなら、もう一回、今度はもっと練習をしてちゃんとしたライブをやってみようよという話になった。

何カ月か練習して、小さなイベントホールを借りた。

この二回目のライブは、フタを開けてみれば大成功と言っていいくらいの出来だった。定員七十人くらいのホールに、百人は入っただろうか。同級生のいわゆるちょっと目立った女の子も男の子も、普段あまりつきあいのなかったクラスメイトまで、なんだかんだ言いながら観に来てくれた。

もちろん、何カ月かの練習で少しは良くなったとはいえ、演奏はなっちゃいなかったし、僕の歌もまったくひどかったと思う。しかし、僕の目の前にいるお客さんは大いに盛り上がっていたし、心からライブを楽しんでくれていた。

(あれ?……これは、いけるんじゃないか?)

ステージの上で、僕は確かな手応えを感じていた。

みんなで辞書を引いて、いろんな言葉を探して、そのバンドに「フロンティア」という名前をつけた。〝開拓者〟という意味だ。

それからというもの、僕は、オヤジがやっていたバーに通うようになった。開店前の夕方の早い時間か、お客さんが帰る夜中の三時過ぎにオヤジの店に行って、ひたすら歌うのだ。バーといっても田舎のことだから、実際はスナックみたいなもので、カラオケが置いてあった。

それでも足りないときは、友だちを誘ってカラオケボックスに行った。歌っているうちに、音域が広がった。それが、あの頃の僕の練習だった。ボイストレーニングなんて言葉はまだ知らなかった。

フロンティアがコピーバンドから脱皮して、自分たちのオリジナルを演奏するようになったのは高三の初めくらいのこと。曲は僕がギターで作っていた。作詞もしたけれど、当時は曲を作る方が圧倒的に好きで、ものすごい勢いで曲を書いていた。そしてその頃から、アマチュアとしてはかなり本格的なライブ活動をするようになった。北浦和にエアーズという老舗のライブハウスがあって、他のアマチュアバンドと対バンを組んでもらい、定期的にライブをやるようになったのだ。

今では恥ずかしくて聴くに堪えないけれど、ＣＤも作った。一から十まで手作りの自主制作盤だ。といっても、ＭＴＲ（多重録音機）を買ってきて、スタジオでドラムを録って、家でギター、ベースを録音して、最後にそこに座ってマイクで歌ってＣＤにしたっていうだけの話だけれど。

それでも、それがあの当時、僕のいちばんの自慢だった。みんなで黒い衣装を揃えてモノクロ写真を撮って、コピー機で大きさを調節してＣＤジャケットも作った。

そのＣＤの最後の曲は、亡くなった友だちに捧げた曲だった。

……

4

高校時代に友人が死んだ。バイクの事故だった。

ある日、電車でその友だちと一緒になった。「この間、バイクで百八十キロ出した」という話を聞いて、「あぶねえな」なんて言って別れた二日後のことだった。

それが、人生で最初に向き合った現実の死だった。

死について考えたことがないわけではない。テレビも映画も漫画もゲームも死であふれている。ニュースに死がひとつも出てこない日はない。それぞれの死は、それぞれに意味も重さも違う。一人が何人も殺してしまうこともあれば、何人もの人間が寄ってたかって一人を殺す場合もある。戦争や災害で何百人何千人の人が亡くなったかと思えば、一人の死を何百万何千万の人が悲しむこともある。

十代も後半にさしかかったその時期までに僕が目や耳にした、あるいはゲームの中で自分が殺した、様々な死を数え上げたら、とんでもない数になるはずだ。

けれど、そういう死を何万何十万と経験したところで、その友人の死を受け止める助けにはまったくならなかった。いやむしろ、死というものをなまじ知った気になっていただけに、現実の死から受け取る衝撃のあまりの大きさに、僕はほとんどパニックに陥った。

二日前まで普通に喋っていた友だちが、今はもうこの世にいないということが、まったく信じられなかった。死とはそういうもので、人生の中でそういうことは起きるものだということを頭では理解していても、心と身体が受け入れようとしない。

そのくせ、妙に落ち着いて事態を観察しているもう一人の僕がいた。

本当にあいつは死んでいるのだろうか。

あそこに横になっているのは、物体としての彼の抜け殻なんじゃないのか?

彼の死は、彼の身体が終わったという現象に過ぎない。僕の記憶の中の彼は、まだちゃんと生きている。僕が生きている限りは、そこに永遠に生きている。

彼がもうこの世にはいないという実感が、どこからも湧いてこなかった。事実、悲しくてたまらないはずなのに、一粒の涙もこぼれなかった。

僕の感情が、彼の死を受け入れることを拒否していたんだろう。

目の前の現実が受け入れられなければ混乱するしかない。

つまり僕は、彼の死によってひどくかき乱され、混乱した。

ある意味では、今も混乱している。

10年以上が経ったけれど、いまだに彼の死を受け入れられないでいると言ってもいいかもしれない。

仏壇にお線香を上げるときも、「おう、また久しぶりに来たよ」という感覚でいる。

物質としての彼は、写真に変化して今もそこにいる。彼は今も生きている。

言葉で表現するなら、そう思っている。

死を自分の中で合理化して、自分に都合良くとらえるようにしている。

誰だって、いつ死ぬかはわからない。明日、ふとしたはずみで死んでしまうかもしれないし、何十年後かにひ孫たちに囲まれて大往生と言われる死を迎えるかもしれない。

「長く生きたから良い」というのが答えだとも思えない。だけど、命は大切にしなくてはいけないし、同時に、たった一度の人生だから勝負すべきときに尻込みして後悔したくないとも思う。願わくば、日頃から多少は良い行いを心がけたいし、死んでからも感謝されるような人間でありたい。

僕は、そんな相反する様々な思考を巡らせながら、死を思い、そして生きるということを考える。死について考えていると、気づけばいつも、生きるということ、僕がこの世に生を受けたことの意味に行き着く。

死んだ後のことは、どんなに考えたってわかりっこない。

自分が今ここにこうして生きていることに感謝し、一日一日を大切に生きる以上のことはできないというのが僕の考え方だ。

ただ、死そのものには手をつけかねても、死によって傷ついている人に手をさしのべることはできるということを、僕はその友人の死によって教えられた。

お葬式に行って、棺（ひつぎ）の中で友人は眠っているというのに、僕は怖くてその顔を見ることができなかった。顔を見てしまったら、友人が死んでしまったということを受け入れなければいけないような気がしてならなかった。

でも、彼のお母さんが泣いているのを見ていたら、そのお母さんに何かしてあげなきゃいけないという思いが湧き上がってきた。

仏教では、人は死ぬと仏様になるといわれている。

亡くなった友だちは、僕の心の中では生きている。おかしな理屈だけれど、僕がその死を受け入れない限り、僕にとって彼は死んでいないことになると、当時の僕は思っていた。

僕と彼の関係は変わらない。それでも、もう僕が彼にしてあげられることは何もない。けれど、今そこで泣き崩れている、彼のお母さんのために、僕は何かをしてあげることができる。

それが今、自分のやるべきことじゃないか？

そう思った僕は、彼が残した詩に曲をつけた。

彼は尾崎豊さんが好きで、詩をたくさん書き残していた。彼のお母さんが、その詩をまとめて本にした。その中に、僕がすごく共感できる詩があった。読んでいるうちに、曲が浮かんだ。

それが、フロンティアが作ったＣＤの最後に入れた曲になった。

完成したＣＤを持って、僕は彼の家を訪ねた。

お母さんはとても喜んでくれた。そして、僕らのバンド活動を応援してくれるようにもなった。

バンドのホームページを作ってくれたり、後に僕がテレビ東京の「ＡＳＡＹＡＮ」という番組に出演するようになってからは、ホームページの管理人を自ら引き受けてくれた。

お母さんだけではない。亡くなった彼とは高校から始まったつきあいで、彼の地元の友人たちとは知り合いではなかったのだけれど、そういうことがあってから、彼の地元の友だちとも仲良くなった。彼らがフロンティアのライブに来てくれるようにもなった。

彼のお母さんや、彼の友だちとの出会いを、彼がくれたのだと思っている。彼との関係が、彼の母親や友人たちとの関係に変化したのだ。

それはある意味で、彼が今も生きているということなのだと僕は思っている。


……

5

フロンティアのCDは、その一枚が最初で最後となった。

高校卒業を目前にして、フロンティアが解散することになったのだ。

原因は僕。他のメンバーからクレームがついた。「アッシは練習をしない」と。

そう言われれば、返す言葉がなかった。

楽器担当のメンバーは、みんなで集まって譜面を見ながらコツコツ練習を重ねていたけれど、ヴォーカルの僕はあまりスタジオに顔を出さなかった。歌の練習なんてどうしたらいいかわからないから、オヤジのバーやカラオケに行って歌うくらい。

それでも自分なりに頑張っていたつもりだ。歌詞もちゃんと覚えたし、ライブの出来も悪くはなかったと思う。レコード会社のディレクターが、噂を聞いて僕らのライブを観に来てくれたこともあった。それっきり音沙汰はなかったけれど。

……弁解はやめよう。

高校三年生の後半、僕はほとんど学校に行かなくなっていた。高校で問題を起こして無期停学になったのだ。

その停学が解けて学校に戻ったら、ちょっとしたイジメのように、今度はクラスの友だちに無視されるようになった。進学校だったから、みんな大学受験を控えていて、要するに「トラブルご免」ということだ。さらに、僕は停学で済んだけれど、その事件で退学になった友だちがいて、それが僕のせいだということにされていたのだ。

クラスメイトに弁解するのも嫌だったから、そのまま学校をサボるようになって、三年生の後半はほとんど学校には行かず地元で遊んでいた。

まあたしかに、遊びが過ぎたのも事実だ。

ただ僕自身はこの時期、遊びながらも音楽に没頭していた。一人になれば、常に音楽のことだけをストイックに追究し、精力的にオリジナル曲を作ってもいた。

フロンティアでメジャーデビューしようと、本気で考えていたからだ。

そんなに簡単な話じゃないことはわかっていたが、僕の計画では、高校を卒業したら、バイトをしながらライブハウス回りをして、デビューを目指すつもりだった。なのに、ここでバンドを解散したら、僕はただのフリーターでしかない。

夢を追いかけているのであれば、それを実現する手段として、フリーターでいることを選んでもいい。しかし、僕の人生理論では、ただのフリーターは許されなかった。

自業自得とはいえ、卒業目前の二月にバンドは解散。卒業してもバンドを続けるつもりだったから、まったく進路を決めていなかった。

もう僕には音楽しかない。でもこのままじゃ、本物の、ただのフリーターになってしまう。

それで両親に頭を下げた。

「音楽の専門学校に、行かせてください」

ここまで書いて、オヤジとオカンに申し訳ない気持ちでいっぱいになった。

あの頃は、本当に散々な目に遭わせてしまった。

無断でクルマの免許を取ったりもしていて、それを知られたときはこっぴどく叱られた。というか、ぶっ飛ばされた。

「お前のやっていることは決して許されることではない！」

けれど、頭ごなしというわけではなかった。高校を卒業したら軽自動車を買ってやるという。親に内緒で免許を取ったり、遊び回ったりしている息子を、縛りつけてもロクなことにならない。どうせ夜中にこっそりオヤジのクルマを乗り回すに決まっている。それなら自分のクルマを持たせ、その代わりルールを決めてきちんと自分で管理させる方がいいと考えたのだろう。腹に据えかねる思いはあったに違いないが、それでもオヤジもオカンも僕のことを理解しようとしてくれたのだ。

進学のこともそうだった。

埼玉からわざわざ都内の私立の進学校に通わせたのに、息子は受験勉強はおろか、何を思ったかフリーターをしながらバンドを続けて、ミュージシャンを目指すと言いだしたのだ。最初は大揉め（おおも）に揉めた。僕にピアノを習わせたのも、音楽を教えたのもオヤジだけれど、それを職業として選ぶのはまた別の話だ。何をやってもいいが、大学だけは行っておけと言われた。

しかし、僕は頑として、首を縦に振らなかった。

バンドをやるようになって、わかったことがある。それは、自分は勉強が死ぬほど嫌いだということ。勉強なんて、二度としたくない。僕にとっては、大学なんて時間の無駄以外の何物でもなかった。

「音楽をやりたいのに、なんで学校に行かなきゃいけないの？」

そう言って親とさんざん揉めていたくせに、バンドを解散したとたんに、今度は音楽の専門学校に行かせてくださいと頭を下げる。どうしようもない息子だ。って、それは僕のことなのだけれど……。

いや、それでも僕がそれまで真面目な高校生だったのならまだ話はわかる。きっと両親は、僕のどこをどう信用していいのかわからなかっただろう。自分が親になったとき、そんな子供のワガママにどこまでつきあってやれるだろうか。

高田馬場のＥＳＰミュージカルアカデミーという音楽の専門学校の面接試験を受けたのは二月の後半、フロンティアの解散が決まってほぼ一週間後のことだった。なんの準備もしていなかったけれど、運良くすべり込みで入学させてもらうことができた。

オヤジとオカンには、心から感謝している。

今の僕は、二人に充分な恩返しができているだろうか……。

第四章

誕生

……　1

音楽の専門学校の何がいいって、とにかく音楽漬けになれることだ。

あの二年間は僕の人生でも、いちばん音楽に集中していた時期かもしれないとすら思う。朝から晩まで、音楽のことだけを考えて生きていた。

歌が上手(うま)くなるためには、研究者的な耳を持つ必要があると思った。僕はそれを、知らず知らずのうちに父親から教わった。たとえばモノマネの歌番組を見ていても、「この人はここが似ている」とか、「あそこは上手い」とか、「サビのところで声が出ていない」とか、いちいち批評するのがオヤジの癖みたいなものだった。

「歌は静かに聴くもんだ」と怒る人もいるだろうけれど、ただ聴いているだけでは、それだけで終わってしまう。聴いてるだけでは、その先に何も生まれないのだ。

歌に限らず、スポーツだってなんだってそれは同じことだと思う。好きな歌手の歌を聴くにしても、自分はこの人の歌のどの部分が好きなのかとか、なぜ感動するのかとか、細かく分析しながら聴けば、聴いているだけでも大切な練習になる。

そういう音楽の聴き方を、僕は茶の間でオヤジと一緒にテレビを観(み)ながら自然と身につけたのだけれど、専門学校は、その方法論をもっと徹底的に応用する場でもあった。

僕はそこで、他人の歌だけでなく、自分の歌も他人の歌と同じように、分析しながら聴くことを学んだ。自分が歌った曲を録音して聴くわけだ。その歌を自分だけでなく、教師も聴けば、友だちも聴く。そしてお互いに、ああでもないこうでもない、ここのブレスが上手いとか、ここは音程が不正確だとか評論し合う。

生活のすべてが、そういう切磋琢磨（せっさたくま）の時間になった。

専門学校には最初のうちこそ電車で通ったが、高校時代からの、ものすごい通勤ラッシュにうんざりして、すぐにオヤジが買ってくれた軽自動車で通うようになった。

親の臑（すね）をかじりながら専門学校にクルマ通学だなんて、本当に生意気だったと思う。しかしまた、それが偶然にも、いい結果を生むことになる。

埼玉の実家から高田馬場までは、道の混む昼間はクルマで約一時間半かかる。クルマの中でも、もちろん音楽漬けだ。

地元の後輩にやはり音楽が大好きなやつがいて（これが元ＣＯＬＯＲのＫＩＫＵＲＩだ）、よく学校に連れていっていたのだが、彼と「この人のこのビブラートすごいよね」なんて話しながら、同じ曲を繰り返し聴いては歌った。それが一日の最初の練習で、クルマはその時間を確保するために最高の環境だった。そういうことをしていると、一時間半なんてすぐに経（た）ってしまう。

それから学校で三時間ほど歌の勉強をして、その後はスタジオを借りて何時間か歌の練習をする。そしてまた帰りの車の中で一時間半、歌いながら帰る。

ほんとに一日中、歌ってばかりいた。

そういう風にして、あの頃、僕は松山千春さんとか、米倉利紀さんとか、いろんな人の歌を徹底的に聴きまくった。学生時代にはもちろんお会いしたことはなかったけれど、そういった方々は、いわば僕の音楽の師匠みたいなものだ。

久保田利伸さんの曲を自分で歌って録音して、それを本物の久保田さんの歌とひたすら聴き比べていた時期もある。

自分と久保田さんとは、いったい何が違うのか。音程も合っているし、歌詞もきちんと合っているのに、何かがぜんぜん違う……。それこそテープがすり切れるくらい何度も何度も聴いて、ここで自分はいつもリズムが乱れるとか、歌い出しの音程が微妙に不安定だとか、発見したことをノートにびっしり書き込んでいった。書き込み過ぎて、歌詞が読めなくなるくらいに。

ほんとに頭がおかしくなるくらい聴きまくって、やっとわかったのはリズムのとり方がまったく違うという点だった。たとえば歌詞の頭がアだとしたら、そのアの前に声に出さない「ン」が入っている。歌い出しが一瞬遅れるその感じが、あの絶妙なリズムにつながっていたのだ。

その「ン」を、ノートに書き込む。そして死ぬほど練習して自分のものにする。そういう作業を、数限りなく積み重ねていった。


話は前後するけれど、僕が専門学校に入った最初の目的はバンドのメンバー探しだった。

フロンティアが解散することになって、まず考えたのは新しいバンドを作ること。音楽の専門学校に行けば、上手いヤツはたくさんいるだろうと思ったのだ。あの頃は、バンドのヴォーカルとしてデビューすることしか考えていなかった。

そういうわけで、入学してすぐに楽器の上手いヤツを探した。ドラムの上手いヤツが一人見つかったので、勇気を出して誘った。何回も書くけれど、僕はほんとに引っ込み思案だから、そういうことがひどく苦手だ。それでも自分の一生にかかわることでもあったし、そいつのドラムに惚(ほ)れ込んだので、勇気を絞り出した。まあ、シノダさんに告白したときほどではなかったが……。

ところが、あっさり断られた。昔の痛い思い出の再現だった。そしてまた僕の悪い癖が出た。頭にきて、もうめんどくせえなと思ってしまったのだ。

頭にきたのは自己防衛で、要するにもう二度と人を誘ってこんな恥ずかしい思いをしたくなかったというだけのことだけれど。

短気を出したのは昔から変わらない悪い癖。恋人も仲間も、相手の資質とか能力で選ぶわけじゃないということにまだ気づいていなかった。

ただ、この出来事に限っていうなら、その後の僕の人生を考えると、かならずしも悪いことではなかったかもしれない。

頭にきて、バンドなんてもうめんどくせえと思っていた頃、専門学校の先生のライブを観に行った。週に三回あったボイストレーニングの授業のひとつを担当していた女性の先生で、ソウルシンガーだった。彼女はライブのときだけバックバンドを引きつれて、基本的にはソロで活動していたのだ。

彼女のステージを観て、なるほど、と思った。バンドでやることばかり考えていたけれど、こういうやり方もあるんじゃないか。

決定的だったのは、ライブにゲスト出演したもう一人の男性の先生だった。その人も僕のボイストレーニングのクラスを担当していた先生で、ソウルシンガーだった。彼はスティービー・ワンダーの『レイトリー』という曲を一曲だけ歌った。

その一曲に、完全に持っていかれた。

「あ、これだ」と思った（それがみなさんご存じの鬼コーチ、木村先生だった）。

今風のロックバンドでポップスを歌うヴォーカリストというのが僕の理想だったのだけれど、その方向性があの瞬間に百八十度変わった（この二人の先生方には特に感謝している。ゴウちゃん、木村先生、本当にありがとうございました）。

これはすごい。上手く言えないけれど、この感動はどうにもすごい。

歌の上手さというか、技術というか、ブラックミュージックのエモーショナルな感じというか……その先生方の歌に参ってしまったのだ。

それが一年生の夏休み明けくらいのこと。そこから完全に方向転換して、R&Bの練習ばかりするようになった。学校に入るときは、ロックバンドの曲でオーディションを受けたのに！

プロのように歌えるようになったとはもちろん言わないけれど、人前で歌ってみようかなと思えるくらいまで、一年の歳月をかけてなんとか漕ぎつけた。高校の頃だって人前で歌っていたわけだけれど、それは自分が何も知らなかったからだ。一年間音楽を勉強した後では、穴があったら入りたいくらい恥ずかしい歌い方だった。

そして僕は二年生になる。いよいよ専門学校を卒業する年だ。

親に頭を下げて行かせてもらっているということもあったから、今度こそ人並みに真面目に就職活動をするつもりだった。音楽の就職活動はやっぱりデビューということになるのだろうけれど、それは僕の努力だけではどうにもならない。すぐにデビューできないにしても、所属事務所くらいは決めたかった。

自分でプロモーション活動を始めた。

デモテープを録って、事務所やプロダクションに片っ端から送りまくった。オーディション雑誌も読みあさって、男性ヴォーカルの募集があれば、もれなく応募した。

数えきれないほどのテープを送った結果、二つだけ返事が来た。ひとつはオリジナル曲があったら、聴かせてもらえないかという話だった。もうひとつは、小さなオーディションからの、応募を受けつけたというただの返信だった。そういう感じで手探りではあったがコツコツと就職活動をしていた時期のことだ。

「あれ、受けてみれば？」

テレビを観ていた母親がそう言った。

「ＡＳＡＹＡＮ」という番組だった。

……

2

人生は真っ暗闇の中を、手探りで歩くようなものだ。

確実なことは何もない。明日何が起きるかだって、本当は誰にもわからない。

僕がヒロさんと出会ったのは、そういう真っ暗闇の中で途方に暮れていたときのこと。

そもそもの発端が、その「ＡＳＡＹＡＮ」だった。

一九九〇年代後半からテレビ東京で放送されたテレビ番組だ。この番組に、男子ヴォーカリストオーディションという企画があった。素人から参加者を募ってオーディション形式で選抜し、優勝者をデビューさせるという内容だ。

デビューを夢見ていた僕にとっては、まるでシンデレラのガラスの靴みたいな番組だった。日本全国から二万人のヴォーカリスト志望者が応募していた。まだ何者でもない専門学校生の僕にとっては、かなりの狭き門だった。

最初のオーディション会場は、忘れもしない東京ビッグサイトだ。七千人の応募者がそこに集まっていた。

自分の歌がどうのこうのより、その七千人という数の迫力に圧倒された。あのときばかりは、自分の中のどこを探しても自信なんてものは見つからなかった。自分がまるで砂粒みたいな、ひどくちっぽけなものになったような気がした。

オーディションの第一次選考は、たったワンフレーズ歌うだけ。審査員が八人くらいいて、その前に応募者が一列に並んで、アカペラで歌うのだ。

僕は久保田さんの歌を歌わせてもらった。

確か十五秒か、長くても三十秒くらいだった。「はい、ありがとうございます」と言われて、そこでおしまい。朝から並んでいたのに、歌った後は、そのまま夜まで待たされた。

（こんなもんで何がわかるんだよ）

そのときは、そう思った。オーディション通過者が電光掲示板に発表されたときには夜九時くらいになっていた。

七千人の中で合格者は三十人。

あるわけないと思っていた自分の番号が、電光掲示板で光っているのを見たときの感じはどう表現すればいいだろう。ほんの第一次選考通過であって、デビューという最終切符を手にするまでにはまだいくつもの関門が残っていたけれど、やっぱりあの瞬間がいちばん嬉しかった気がする。小学生のときにスーパーの福引きが当たった日以来、久々に自分に運が戻ってきた気がした。

発表が終わって、七千人のうちの六千九百七十人が帰っていく。受かった僕ら三十人だけが、その流れを逆流していく。ほとんどが帰る人の流れだから、「あ、あいつ受かったんだ」という視線が痛いほどに突き刺さる。

なんとか平静を装っていたけれど、胸の高鳴りを隠しきれたかどうかはよくわからない。あ

郵　便　は　が　き

お手数ですが
50円切手を
お貼りください

151-0051

東京都渋谷区千駄ヶ谷4-9-7　(株)幻冬舎

『天音。』係行

ご住所　〒□□□-□□□□ e-mail（　　　　@　　　　）				
お名前	ご職業		男 女	年齢 歳
よく読む雑誌	よく見るテレビ番組	よく聴くラジオ番組		
※裏面のあなたのご意見・ご感想を本書の新聞・雑誌広告等で、 1. 掲載してもよい　2. 掲載しては困る　3. 匿名ならよい				

※御記入いただいた個人情報については、許可なく他の目的で使用することはありません。

書をお買い上げいただき、誠にありがとうございました。
しければアンケートにお答えください。

本書をお求めになったきっかけに○をしてください。
書店で見て　2. ホームページで見て　3. コンサート会場で知って
新聞で見て（新聞名　）　5. 雑誌で見て（雑誌名　）
テレビで見て　7. ラジオで聴いて　8. その他（　）
EXILE ATSUSHI が歌う曲で、あなたが好きなものを順番に 3 つ挙げてください。
)(2　)(3　)
EXILE もしくは EXILE ATSUSHI のコンサートに行ったことがありますか？
. ある（　回）　2. ない（その理由は？　）
EXILE もしくは EXILE ATSUSHI 以外で好きなミュージシャン、バンドを教えてください。
)（　）
今後、EXILE ATSUSHI に期待すること、挑戦してほしいことはなんですか？

本書のご感想、または著者へのメッセージなどをお書きください。

のメッセージは、必ず ATSUSHI さんにお届けいたします。ご協力ありがとうございました！

の瞬間から、僕の人生が音を立てて変わっていった。

オーディションはそれから二次、三次と続いた。番組でその様子が放送された。野球の甲子園と同じように、毎回勝者と敗者が生まれる。勝者の歓喜と、敗者の涙。そのリアルなドラマが番組の心臓だった。

予想外だったのは、優勝者が決まる前から、かなり大きな反響があったことだ。オーディションが進むにしたがって、僕は顔を知られるようになった。テレビの影響は、本当に空恐ろしいくらいだ。

街を歩けば知らない人からも声をかけられるようになったし、ファンになって応援してくれる人たちまで現れた。昔の知り合いからも、電話をもらうようになった。まだデビューもしていないのに、ちょっとした芸能人になった気分だった。

それで思い上がったつもりはないけれど、それでも雲の上を歩くようなふわふわした気持ちがどこかにあったのは事実だ。五人残った最終選考で、真っ先に落とされたときには絶望で目の前が真っ暗になったのがその証拠。

「君は一人でやった方がいい。佐藤君の相方はここにはいない……」

審査員にはそう言われた。

番組の企画では優勝者はデュオとして、二人でデビューすることになっていた。僕が真っ先に落とされたのは、そのデュオというコンセプトに合わないだけのことで、実力的には充分にプロとして通用するよと、まあフォローの意味もあったのだろうが、審査員はそう言って太鼓判を押してくれたわけだ。

その優しさは嬉しかった。

でも、だからといって、何か状況が変わるわけじゃない。

周囲の人には随分、「アッシはデビューが決まっているんだろ」と言われた。水面下でソロデビューが決まっているから「ASAYAN」は落とされたんじゃないか、というわけだ。

本当にいろんな人からそう言われたけれど、そんな話は影も形もなかった。

その最終選考で選ばれた二人の勝者、川畑要君と堂珍嘉邦君は、その後「CHEMISTRY（ケミストリー）」としてデビューする。発表する曲はことごとくヒットし、ケミストリーの名は瞬く（またたく）間に日本中に知られていった。

番組を通じて彼らとは仲良くなっていたし、男らしく祝福すべきなのはわかっていたけれど、そんな潔い気持ちだけではなかった。気になっているから余計にそう見えるのだろうけれど、テレビはもちろん街中でもCDショップでも、いたるところでケミストリーを見かけるようになった。

彼らは、僕がそうなったかもしれない、憧れて思い描いていた未来の姿だった。

彼らの活躍する姿を見かけるたびに、僕の心は騒いだ。

いや、正直に言ってしまおう。

心が騒いだなんて、生易しいものじゃない。

バイクで転けて身体中が擦り傷だらけになって、その身体中の擦り傷に塩を擦り込まれたような気分だった。

ただ、断るまでもないが、傷口に塩を擦り込んでいたのは僕自身だ。ケミストリーの二人には何の関係もない。そんなことは当時の僕だってよくわかっていた。百パーセント僕の独り相撲だったのだが、心の中に吹き荒れる嵐が鎮まるわけではない。

嵐を鎮めるためにも、なんとかして前に進まなきゃいけなかった。けれど、その前というのが、どっちの方向なのかも見えなくなっていた。

僕の未来は、どこにあるんだろう?

ヒロさんと出会ったのは、まさにそういうときだ。

運命は不思議なものだと思う。

……3

僕にとって、ＥＸＩＬＥはかけがえのない拠(よ)り所だ。

口先だけじゃなく、本当に、心の底からそう思っている。

なぜならＥＸＩＬＥは、僕が僕の持っているすべてのものを賭けて、自分を表現できる舞台だからだ。ちっぽけな僕という人間が、気が遠くなるくらい大きなこの世界のために、何か少しでも貢献できると感じられるのはＥＸＩＬＥがあるからこそ。

ＥＸＩＬＥは、僕がこの世に生まれてきた意味そのものなんじゃないかと思うくらいだ。

僕が不思議だと思うのは、そのＥＸＩＬＥと僕との出会いが、本当に紙一重の偶然によってもたらされたということ。それだけでなく、僕とＥＸＩＬＥにとってもうひとつの極めて重要な出会いも、今から考えれば奇跡のような運命の悪戯(いたずら)がなければあり得なかった。

「ＡＳＡＹＡＮ」の最終審査で落とされたときには、いくら周りから「デビューが決まってるんだろ」と言われても、そんな話はひとつもないわけで、僕としてはなんとか自力でデビューを目指すしかなかった。

しかし、テレビで少し顔を知られたからって、専門学校で勉強したからって、こうすれば歌手としてデビューできますなんてマニュアルはどこにもない。

　テレビ番組に何カ月か出演して得たわずかばかりの知名度をたよりに、「ＡＳＡＹＡＮの佐藤篤志」として、クラブだとかイベントだとかで歌わせてもらっていた。いつかチャンスが巡ってくることを信じて、とにかくコツコツと自分にできる限りの音楽活動を続けるしかなかったのだ。

　話はそれで終わらない。

　そういうことがあったその年の暮れに、専門学校の大ホールで年に一度のイベントであるヴォーカリストコンテストが開催された。参加できるのは校内からオーディションで選ばれた八人のみ。僕は一年生のときも出場したのだけれど、今回はすでに「ＡＳＡＹＡＮ」で名前を知られるようになっていたから、学校内のざわつき方も多少、去年とは違っていた。

　僕の出番はいちばん最後だった。そのときになると、友だちや先生方までがみんな観に来てくれた。レコード会社の人もいた。僕は久々に、思いきり歌い上げた。いろいろあったけれど、やりきったという想い(おも)いで歌い終え、審査発表を待った。

　最優秀賞一名、特別賞二名が発表された。そのすべてが一年生だった。

　最優秀賞を獲得して当たり前と思われながら、僕は何も獲(と)れなかった。

　あれは正直、キツかった。ステージに立っていること自体が耐えられなかった。どんな顔をすればいいかわからない。友だちもなんて声をかけていいかわからないらしくて、誰も近寄ってこなかった。公開処刑みたいなものだった。

母親が観に来てくれていて、「私にはあっくんの歌が一番良かったよ」と言ってくれて、涙が止まらなかった。

あのときだけは、真剣に歌をやめようかと考えた。

それでもやめられなかったのは、やはり好きだったからだ。

やめようと思っても、やっぱり好きだから歌い始めると楽しくて、卒業制作のCDを作っていた。

「ASAYAN」のスタッフから電話がかかってきたのは、そういうときだった。

レコード会社であるエイベックスの偉い人が僕と話をしたいと言っているという連絡だった。

この頃、僕は知り合いから紹介されたある芸能事務所に片足を突っ込んでいた。

片足というのは、まだデビューもしておらず、正式な契約を結んでいたわけではなかったからだ。

ただ、チャンスがあったら僕をデビューさせようとしてくれていたので、多少の恩義は感じていた。それでそのエイベックスの話が来たときも、一応報告した。

「わかった、アッシ行ってこい」

事務所の社長に励まされてエイベックスに行ってみると、なんと松浦さんがプロデュースする仕事の件だった。

正直に言えば、歌に没頭していた僕は、このときは松浦さんがどんな人かもよく知らなかったのだが、後で母親や学校の先生に松浦さんの名前を出したら目を丸くされた。松浦さんとはもちろん、現エイベックス・グループの社長の松浦勝人さんだ。

「J Soul Brothersというグループがあって、そのグループのヴォーカリストがやめることになった。代わりに君がヴォーカルをやってくれないか」

そう言われて、ビデオとかCDとか資料を渡されて帰ってきた。地下鉄の中でエイベックスの水色のロゴが描かれた紙袋を持っているのが、なんとなく誇らしかったのを昨日のことのように思い出す。

即答はできなかったけれど、僕の心は決まっていた。

なんといってもJ Soul Brothersのリーダーは、あのZOO（ズー）のヒロさんだったのだ。

その当時、僕もヒロさんも、抜き差しならない崖っぷちに立っていた。

J Soul Brothersは、ZOOの解散と共にすべてを失ったヒロさんが、再起を賭け、文字通り床に這いつくばるような苦労を重ねた末に、ようやく結成したグループだ（現在のJ Soul BrothersはNAOTOとNAOKIを中心に活動している三代目であることはみなさんもご存じの通り）。

当時のJ Soul Brothersは、ダンサー四人＋ヴォーカリスト一人。ところが結成二年にして、そのたった一人のヴォーカルがやめることになった。そのままでは活動が続けられなくなったのだ。

一刻も早く代わりのヴォーカルを見つける必要があった。後になってから聞いた話だけれど、松浦さんはスタッフに「一カ月以内に次を探せ」と言っていたらしい。

もしあそこでヴォーカルが見つからなければ、J Soul Brothersはそのまま永久に活動休止になっていた可能性だってある。

そういう状況で僕に話が来た。僕に白羽の矢を立てたのは、リーダーのヒロさんだという。嬉しくないわけがない。

当時のことを憶えている読者には説明不要だけれど、ZOOというグループはとにかくカッコ良かった。不良っぽくて、ゴージャスで、どこかバブル時代の匂いがして。そして何よりも、ダンスがめちゃめちゃカッコ良かった。

そのZOOのヒロさんから声がかかったのだ。

僕としては明日からでも、J Soul Brothersに参加したかった。

正直なことを言えば、一人でライブ活動を続けていくことに、そろそろ限界を感じていた時期でもあった。限界を感じるというか、先が見えるというか……。自分がどんな歌手になっていくかが、なんとなく予想できるというか、そんな感じがしていた。

その当時、僕はバラードを中心に歌っていた。アップテンポな曲は、自分の中ではまだ未開拓だったのだ。

このまま歌い続けていれば、歌は上達していくだろう。それは間違いないし、その先にどんな展開が待っているかはわからない。ただ、その道はどこまで進もうと、今の自分を磨いただけの存在でしかない。

雰囲気のある、じっくり聴かせるタイプの歌手――。

たとえばそれが、十年後の自分の姿だった。でもそれは、僕が歌手であり続ける限り、二十年後も三十年後も変わらないだろう姿でもあった。

J Soul Brothersの音楽を聴いて感じたのは、そうではない自分のもうひとつの未来の可能性だった。ヒロさんを始めとする四人のパフォーマーのダンスを引き立てるには、どうしてもアップテンポなダンスミュージックを歌えるようにならなきゃいけない。

「ヒロさんの仲間になって、僕は自分の殻を打ち破り、もう一回り大きな歌手になる！」

エイベックスからもらってきたJ Soul Brothersの資料を母親と一緒に見ながら、そう心に決めた。「私はこういうグループ、いいと思うなあ」と母親も大賛成だった。

僕はその決意を、片足を突っ込んでいた事務所に伝えに行った。

「ＡＳＡＹＡＮ」から半年にして、ようやくデビューの機会が到来したのだ。

「良かったな、アツシ。頑張ろうな」

事務所の社長は、僕に訪れた幸運を喜んでくれた。

ところが、そこで話がピタッと止まってしまう。

僕の成功を喜んでくれていたその社長が、それから数日後に突然亡くなってしまったのだ。心筋梗塞（こうそく）だった。まだ若く三十代の社長だった。すごくいい人だった。

小さな事務所だったということもあって、リーダーを失った事務所はそれから迷走を始める。そしてその混乱の中で、すべてが前に進まなくなってしまった。

最初のうちは、時間が解決してくれると思っていた。けれど、待てど暮らせど話はいっこうに進展しない。にもかかわらず、デビューの話があるからということで、ライブの予定も入れられない、イベントも駄目、人前で歌うことはとりあえず禁止ということにされてしまった。

学校はすでに卒業していたから、昔の仲間と会って、酒を飲むくらいしかすることがなかった。

歌っちゃいけない、先のことも決まらない、目の前にデビューという大きなニンジンがぶら下げられているのに、絶対に食べさせてはもらえない。何をどう努力すれば、その状況から抜け出せるのかがまったくわからなくなってしまった。

真っ暗闇よりも、もっと暗いどん底で、窒息させられそうな気分だった。そういう状況が、それからしばらく続いた。

ある夜、オヤジに「お前、目が死んでるぞ」と言われた。

オヤジはそんな僕を見るに見かねたに違いない。「行くぞ」と言うなり、僕の手を引っ張るようにして、もうかなり遅い時間だったのに、そのまま東京の芸能事務所へと出かけていった。

正式に契約を交わしたわけでもないその事務所に、エイベックスとの交渉を任せたのは「いいデビューができるように、我々がアツシを守るから」と言った先代の社長の善意を信じたからだ。こちらとしてはJ Soul Brothersの新ヴォーカルとして、メンバーに加わることになんの異論もない。それなのに、なぜこんなに時間がかかっているのか?

まあ、そういう内容のことを、オヤジはもう少し丁寧な言葉で尋ねていた。

応対してくれた事務所の人は、終始低姿勢だった。

「デビューさせたい気持ちは、お父さんと同じです。時間がかかっているけれど、なんとかしてアッシ君がデビューできるようにするから、もう少し待っていただけませんか」

そういう話を、訥々とされた。

納得できたわけではなかったけれど、それでもそう言われれば、それ以上何も言えない。フラストレーションを抱えたまま家に帰り、また悶々とした日々を送るしかなかった。

歌うことにかけてだけは、真面目一筋に打ち込んできた。

歌うときにはいつでも、全身全霊で歌った。

その自分の歌が評価され、ようやくチャンスが巡ってきたというのに、その天国から下ろされた一筋の蜘蛛の糸みたいに細い望みが、今にも断ち切られそうになっていた。

ライブやイベントを禁じられていたからというだけでなく、僕は精神的にも宙ぶらりんの状態で、真っ暗闇の泥濘で道を見失い、途方に暮れていた。


ヒロさんが、僕を訪ねて来てくれたのはまさにそういうときだ。マキさんに、マッちゃん、ウッさんも一緒だった。僕がそれまでに会ったことのないタイプの、いわゆる日本ダンスシーンの頂点とも言えるカリスマダンサーが四人揃った光景は圧巻だった。

その四人が、わざわざ足を運んでくれたのだ。事務所同士の話は上手くいっていないけれど、J Soul Brothers は僕と一緒にやりたいんだという気持ちを伝えるために。

僕は天にも昇る気持ちだった（その後も、僕は彼らに会うたびに、なんともいえない高揚感、ワクワクする感じを味わったものだ）。

初めて会ったヒロさんは、テレビで見て想像していたよりも、さらにカッコ良かった。それは外見のことと言うより、むしろ内面に属することだ。

あの人のビジョンの大きさとか、男としての潔さとか、でも大切なことは絶対に諦めないしぶとさとか、そういう人間としてのカッコ良さが、ヒロさんを内側から照らしていた。オーラを発散していると言えばいいいか。またその人を百パーセント信じてついていく、三人のカリスマダンサーたちも、今までに自分が会ったことのない格好いい人たちだった。

J Soul Brothers は開店休業みたいな状態だったし、CDのセールスも好調というわけではなかったようだから、当時のヒロさんの経済状況はけっこう厳しかったはずだ。それでも後輩には、借金してでもおごるというのがヒロさんだった。そういうヒロさんの姿に直接触れて、僕は J Soul Brothers に参加するという自分の決断が間違っていないことを確信した。

本人同士が相思相愛なのに、大人たちの都合で一緒になれないなんて、まるでロミオとジュリエットみたいな話だ。僕らの場合は単純に事務所同士の話がまとまらないだけのことで、そんなロマンチックな物語などではまったくなかったけれど。

その後、僕らはお互いに、また悶々とした数カ月を過ごすことになる。ただ、僕にとっても、ヒロさんたちにとっても、かなり辛（つら）いあの時期がなかったら、つまり僕が何の苦労もなくヒロさんたちのグループに入っていたら、ＥＸＩＬＥは生まれていなかったんじゃないか。パフォーマー四人＋ヴォーカリスト一人のJ Soul Brothersのスタイルそのままのグループになっていたはずだ。

僕らがそんな時間を過ごしていたのと時を同じくして、偶然か必然か、エイベックスは山口県で一人の歌手の卵を発掘する。日本に名を轟（とどろ）かせるレコード会社の新人発掘捜査網は、常に、北へ南へと日本全国に張り巡らされているのだ。

それこそが清木場俊介、すなわちシュンちゃんだった。

……

4

J Soul BrothersあらためＥＸＩＬＥが、パフォーマー四人＋ヴォーカル二人の六人組でスタートしたからこそ、あれだけの結果を生み出せたと言えるのは、結果を知っているからだ。ＥＸＩＬＥがＥＸＩＬＥになるために、シュンちゃんという存在は絶対に欠かせないものだった。つまり僕がＡＴＳＵＳＨＩになるためにも、彼が必要だったということだ。

ただ、ちょっと想像してもらえばわかると思う。ひとつのグループに二人の歌手がいたら、たとえ二人が昔からの親友で、どんなに気心が知れた仲であっても、やはり二人の関係はどこかでギクシャクするものだ。

どちらから先に歌い始めるとか、サビはどっちが歌うとか、ひとつの曲を二人で歌おうとすれば、いろいろ決めなきゃいけないことがある。二人のヒーローが登場するヒーローアニメみたいなものだ。最後のボスを倒すのはどちらのヒーローかで、監督はいつも悩まなきゃいけないというわけだ。

まして僕たちは初対面だった。

その初対面の二人が、いきなり二人でヴォーカルをやることになったのだ。

二〇〇一年のある日、僕はシュンちゃんに引き合わされた。それが初対面で、挨拶（あいさつ）もそこそこに、声を合わせてみようということになって、二人で歌った。

「やっぱり合うね」

誰かが言った。

「よし、これでいこう」

他の誰かが答えた。

それで何かが決まったようだった。翌日、代官山のスタジオに来るように言われた。

いわゆる月9のドラマの挿入歌を歌うという仕事が突然転がり込んできたのだ。しかも、すぐにレコーディングしなきゃ間に合わないという話だった。他の人が歌う予定だったのだが何かの事情でできなくなり、その仕事がJ Soul Brothersに回ってきたらしい。ドラマの挿入歌の楽譜と歌詞を渡され、明日レコーディングをすると告げられた。英語の曲だった。

（え？　いきなり全部英語の歌詞？　しかも日本人が英語の歌を歌って、ヒットなんてするのかな……？）

そう思ったことを妙に鮮明に憶えている。

その時点でも、新生J Soul Brothersがどういう構成になるか、きちんとした話はまだ聞いていなかった。ヴォーカリストが僕一人になるのか、それともシュンちゃんと二人のツインヴォーカルになるのかもわからなかった。とにかくこのレコーディングは、まず二人のヴォーカルでやってみることになったのだ。

翌日のお昼過ぎだったか、指定された代官山のスタジオでレコーディングが始まった。そこから二十四時間ぶっ続けでレコーディングをすることになる。

シュンちゃんにしても僕にしても、ほとんど初めて会ったばかりの人と歌うわけだ。自分がこれからどうなっていくかもよくわからないわけで、不安はたくさんあったはずなのだが、そのあたりはどうもあまり記憶がない。

ただ、お互いに、なんと言えばいいか、ある種の覚悟を決めていた。覚悟というのはつまり、何があろうとやってやろうという覚悟だ。ヴォーカルは一人じゃなきゃ嫌だとか、自分がメインじゃなきゃ歌いたくないとか、そんな小さなことはどうでもいい。

とにかく俺に歌わせてくれ！

その歌でみんなを感動させて、自分の道を切り開いてみせる。

言葉で表現するなら、そういう覚悟を腹の底に秘めていた。僕も、シュンちゃんも。シュンちゃんに確かめたわけじゃないけれど、シュンちゃんが何かそういう決意を胸に秘めているらしいことは、一緒に歌っていてひしひしと伝わってきた。

シュンちゃんは、すでにあの年齢にして地元の山口県で建設業の会社を経営していたのに、その会社を整理して東京に出てきていたらしい。僕は僕で、事務所のことでゴタゴタしてどうにもならない泥沼に落ち込んでいた。なんでもいいからとにかくデビューして、この状況から抜け出したい、人前で歌えるようになりたいという気持ちしかなかった。

お互いにヴォーカリストということで、しかもその時点ではまだどちらか一人が外されてヴォーカルは一人ということになる可能性もあったわけだから、僕にしてもシュンちゃんにしても、心穏やかでいられるはずはなかったのだが、レコーディングは不思議なくらい上手くいった。人生は案外そういうものなのだ。

まあ、いくら順調とはいっても、昼過ぎにスタジオに入って、そのままぶっ通しで、確か翌日の昼頃に録音が終わった。

一週間後には、その曲がドラマの挿入歌として全国に流された。テレビ局には視聴者から問い合わせが殺到したらしい。曲名と、歌っている歌手の名前を教えてくれという電話だった。

実を言えば、ドラマでは曲名も、それから僕らのグループの名前（そのときはまだＥＸＩＬＥになっておらず、J Soul Brothers のままだった）も公表されていなかった。つまり番組を純粋に音楽的に盛り上げるための、妙な言い方だけれど、本物の挿入歌だった。けれど、その予想外の反響の大きさに、僕たちの曲として日本語で歌い直して発表されることになる。

こうして、ＥＸＩＬＥのデビューシングル『Your eyes only』は発売された。二〇〇一年九月二七日のことだ。

その約一カ月前には、ついに僕とシュンちゃんの二人が正式にヴォーカリストとして加入することが決まって、J Soul Brothers はＥＸＩＬＥと改名し活動を再開した。『Your eyes only』はオリコン四位を記録。日本のミュージックシーンにＥＸＩＬＥの登場を印象づけるという意味では、ほぼ完璧なスタートだった。

そういえば、僕が坊主頭でサングラスというスタイルにした理由をまだ書いていなかった。

「ASAYAN」のときはドレッドヘアだったから、当時からファンでいてくれた人たちはかなり面食らったに違いない。

理由は単純、それがいちばん楽だったのだ。

歌っているときの視線をどうするか、これには少し困った。ここはカメラ目線がいいとか、ここは視線を抜いた方がいいとか、そういうテクニックを上手に使えるようになる自分の姿が想像できなかった。

タレントだろうがミュージシャンだろうが、歌っている顔のアップを撮られることは承知しているわけだから、視線をどうするかくらいちゃんと考えるべきなのかもしれない。でも、歌を聴いてもらうんだから、それはまあいいかなって思う。そんなことに気を取られている余裕があるなら、歌うことに集中したい。それでサングラスをかけることにしたのだ。

ポリスのサングラスに出合って、それがあまりにも自分の顔にフィットしたということも、もうひとつの理由ではあるのだけれど。

ちなみに、「あのサングラスはスタイリストさんが選んだのですか」と聞かれることがよくあるけれど、六本木のドンキホーテで僕が偶然見つけたものだ。同じサングラスでもスタイリストさんが選んだものだったら、あんなにしっくりとはハマらなかった気がする。

スタイリストさんの能力がどうのという問題ではない。あのサングラスはファッションというよりも、僕の生きるスタイルの一部だ。そういうものは、自分で選んだ方がいい。たとえそれがプロのスタイリストさんであっても、他の人に選ばれると、どうしてもやらされてる感が出てしまう。

坊主にしたのも、突き詰めれば同じ理由だ。

どんな髪型であろうと、髪を伸ばしていれば、どうしても髪型を整えるのに時間がかかる。湿度によっては、今日は髪型が決まらないとか、ここがこうで嫌だとか、神経質だからすごく気になってしまうのだ。気になりだすと徹底的に落ち着かなくなる性格だから、歌にも集中できなくなってしまう。

いろいろな髪型を試した後に、ある時期ふと、これからはもうそういうことに一秒たりとも無駄な時間をかけたくないと思った。それで坊主にしたのだ。ファッション的な意味合いはまるでない。まあ、ただ坊主にするだけでは面白くないから、何本かちょっと筋を入れてみたりしたわけだけど。

もちろん今だってそうだけれど、なにしろ特にあの時代は、一曲一曲が真剣勝負だった。ひとつひとつの曲に、生き残れるか、弾き出されるか、自分たちの全人生がかかっていた。だからこそ、髪型だの視線だの、そんな細かいことを気にしながら歌いたくなかった。

自分は中身で勝負するんだから、外見には気を遣わない。歌を歌うことに自分のすべてを賭ける。その覚悟のサングラスであり、坊主頭だったというわけだ。

最近、髪の毛を伸ばしたりするようになったのは、自分の覚悟をそういう形で表現しなくても、ごく自然に自分のすべてを賭けて歌えるようになったからだ。


余談ではあるけれど、顔やスタイルの話が出たついでに……。

生まれてこの方、自分をいちどもカッコイイと思ったことはない。だからこそそのサングラスでもあるわけだが、たまに外した顔が、ときにはやつれていたり、ときには体調とか酒の飲み過ぎでむくんでいることもあったりして、けっこう変化が激しいせいか、整形疑惑まであるらしい。

その疑惑は、ここできっぱり否定しておく。僕の身体には、ピアスとタトゥーを別にして、一切の人工的な改変は加えられていない。正真正銘のナチュラルだ。

別に整形をイケナイことだとは思っていない。でも、やってもいないことを、やったと言われるのは、なんだか気持ちが悪い。


横道にそれた。話を元に戻そう。

シュンちゃんとの思い出は、それこそ夜空に輝く星の数よりも多い。

最初の頃、彼は東京に出てきたばかりで、まだこっちには友だちが少なかったということもあって、ほぼ毎日一緒にいた。

その最初のレコーディングが終わってしばらくは、次に歌う歌も決まっていなかったし、仕事もなかったから、ヴォーカル組は何もすることがなかったのだ。

「まあ、見てるだけでもいいから」とヒロさんに誘われて、スタジオでパフォーマーチームの練習を見学したり、一緒に踊りの練習をしたりするのが日課みたいなものだった。

シュンちゃんは、それこそ若くして会社を起こしていたわけだけれど、いわゆる優等生ではなかったらしい。実際に、彼のヤンチャぶりを止めたことだってある。

でも——。

いや、だからこそ、かもしれない。

僕らはものすごく仲が良かった。そういうＥＸＩＬＥの仲の良さ、チーム感みたいなものの最初のベースを作ったのが、彼だった。

もうちょっと具体的に言うなら、ヒロさんが父親だとすれば、シュンちゃんは家族の中で兄弟のまとめ役だった。

ＥＸＩＬＥがスタートした当初は給料制で、僕らの月給は十万円だった。ＥＸＩＬＥは大所帯でもあるし、レコードがちょっと売れたくらいではそれが精一杯だったのだとは思うけれど、東京で暮らすのに満足な額とはとても言えない。

みんなかなり慎ましい生活を送っていた。リーダーで社長のヒロさんでさえ、長い間ごく普通に地下鉄で電車通勤していたのだ。

シュンちゃんは故郷の山口では会社の社長だったわけだから、きっとそれなりに収入もあったのではないか。それが上京したらこの有様。さぞや不満もあるだろうと思っていたのだけれど、あるとき彼がこう言ったのを僕は今も忘れない。

「やりたくない仕事で金を稼いで毎月何十万円も酒代に消えていくような生活より、好きなことをやって稼ぐ月給十万円の生活の方が幸せだよ」

ああ、そういうもんかもなあと思った。この人はやっぱり俺よりでかい、と。

「レコーディングの次の日は休み」というＥＸＩＬＥ第一章のときのルールを作ったのも彼だった。「レコーディングのときにはパフォーマーチームも一緒にいましょうよ」とか「みんなで旅行に行きましょうよ」とか「合宿しましょうよ」とか。みんなで沖縄に行ったのも、ロサンゼルスに行ったのも彼のアイディアだった。

シュンちゃんは本当に広い視野を持っていて、いろいろなことがよく見えていた。見えているからこそ、アイディアも湧いてくる。会社やＥＸＩＬＥのことを考えて、様々な提案をしてくれた。もちろんすべてを受け入れたわけではないけれど、彼にはいつも筋の通った理由があったのだ。

彼がいたからこそ、ＥＸＩＬＥは絆を強め、ひとつのチームになれた。それはまぎれもない事実だ。

僕は年齢的にいっても、そういう家族の末っ子という立場だったから、自分の歌にひたすら専念することができた。だからそういう意味でも、今の僕があるのは、間違いなくシュンちゃんのおかげでもある。皮肉な話だけれど、彼がいたときではなくて、むしろやめてから、僕はそういうことに気づいた。

……

5

どんなに仲のいい兄弟でも喧嘩をすることがあるように、というか仲のいい兄弟なんてものは、たいていいつも喧嘩をしているものだけれど、僕とシュンちゃんの仲がギクシャクした最初は、ＥＸＩＬＥのセカンドツアーのリハーサルをしていた頃だった。

いつの間にか、ろくに話もしなくなっていた。

でも、年の近い男同士が年がら年中一緒に時間を過ごしていれば、そういう時期があってもおかしくない。お互いに気を遣うことに疲れてしまっていたのかもしれない。なにしろ、ＥＸＩＬＥは飛躍的に成長していて、一人ひとりに求められることも雪だるま式に増えていた時期だった。

　でも、二年間も毎日一緒にいたから、シュンちゃんに何か言いたいことがあるのはわかった。最初は、僕が彼に何か悪いことでもして怒らせてしまったんじゃないかと、不安になったくらいだ。

　以前はお互いに目を合わせて歌っていたのに、鏡越しにすら、目が合わない。芸能記者が大喜びしそうな、グループの仲違い（なかたがい）の典型的な図式ができ上がっていた。

「ＥＸＩＬＥのＳＨＵＮとＡＴＳＵＳＨＩ、犬猿の仲！」というわけだ。

　シュンちゃんはどう思っていたかわからないけれど、それでも僕は一瞬たりとも彼と別れる日が来るなんて思ったことはなかった。僕と彼とは兄弟みたいなもので、仲違いはしても、心の奥の深い部分ではつながっていると信じていた。

　シュンちゃんはシュンちゃんで、アーティストとしての本能的な欲求と、グループの一員としての務めの間で苦しみ、自分の中で悶々と悩んで苛立（いらだ）っていたのだろう。一方で僕は、彼を相棒として支えてあげることができていなかった。自分勝手だったと言ってもいい。今ならそれが、よく理解できる。

次第にその気まずい時間を過ごすことが苦痛になっていった。かといって、関係を修復するにはどうしたらいいか、いいアイディアは思いつかなかった。どうすることもできなくて、スタジオを抜け出し、誰もいない非常階段で思いっきり泣いたこともある。気がつくと右手には、シュンちゃんが書いた歌詞の紙を握りしめていた。シュンちゃんには申し訳ないけれど、ぐちゃぐちゃに丸めて、思いきり投げ捨てた。ふざけんな、と。心の中は嵐で荒れ狂う海のようだった。悔しくて、悲しくて、腹が立って、自分がどんな気持ちなのかさえわからない。

それでもみんなの前に戻れば、何もなかったように振る舞うしかなかった。

あの頃は、いつもそんな感じで、心が安まることがなかった。

こんな精神状態で歌える歌なんてひとつもない。

ＥＸＩＬＥはうまくいっているのに、ほんとに苦しんで、苦しんで……。ただ苦しむために、日々を送っていたようなものだ。

こんな風に書くと、僕が彼を嫌っていたと思う人もいるかもしれないが、そんなことはない。これだけは強く言っておきたい。

心の底から腹を立てたこともあるけれど、彼を嫌いになることはなかった。というより、人間としてシュンちゃんのことが大好きだった。

そして、そんな状態で、次のアリーナツアーのリハーサルが始まった。彼が何日間も雲隠れしてしまったのは、そのときのことだ。

スタッフが何十回電話をかけても出ない。

メールをどれだけ送っても返信はなかった。

このままではツアーそのものが成立しないかもしれないというギリギリまで追い込まれた。これまで築き上げたＥＸＩＬＥのスタイルを全部崩してリハーサルも不充分なままツアーを敢行するのか、それとも潔く中止を選択するのか。前代未聞の出来事だった。

その話の陰で、実は僕とシュンちゃんの間に小さなやりとりがあったことは、メンバーや当時のスタッフもいまだに知らないかもしれない。

僕がかけた電話に、彼が出てくれたのだ。そのときの僕はただの末っ子で、ライブが中止になったらどんなとんでもないことが起きるとか、みんなが心配していたようなことは考えてもいなかった。

ただ、シュンちゃんのことが心配だった。こんな大切なリハーサルに姿を現さないなんて、よほどのことがあるのだろう。いったいどれほどの葛藤や苦悩を抱えてしまったのか。彼がこうなるまで、いつも隣にいる僕が気づいてあげられなくて本当に申し訳ないと思って、僕は泣きながら謝った。そして、みんなが心配していることだけを伝えた。

彼は静かに「わかった」と言った。

そしてその翌日、五日ぶりにリハーサルに姿を現した。

僕はただ、僕の電話に応えて、姿を見せてくれたことが嬉しかった。

僕が電話をしたら来てくれた。それが嬉しかった。

また一緒に歌えることが、ただただ嬉しくて、この兄貴を守れるのは自分しかいないと、心密(ひそ)かに思ってもいた。

……　6

とはいっても、シュンちゃんのことを本当の意味で理解したのは、彼が離れてからのことかもしれない。シュンちゃんが僕たちのために何をしてくれていたのか、彼が果たしてくれていた役割を、ＥＸＩＬＥの第二章で僕ははっきりと知った。

一言で言うなら、シュンちゃんはＥＸＩＬＥの魂(たましい)を背負っていた。

モノを伝える人間として、人の心に残ることがやりたいという彼の責任感、使命感は、ＥＸＩＬＥを形作っていく際、たしかに核となっていた。

人の心を動かすこと。

人の心を動かすような歌を歌うこと。

それが僕たちの仕事なのだ。

人の心を動かすこと、人の心に何かを確実に伝えること。

シュンちゃんは、いつもそのことに、そのことだけに集中していた。

自分の人生を賭けていた。

そして、そのために彼がいろんなことを言ってくれていたから、僕はその隣で、自分が上手く歌うことだけを考えていられたのだ。

その責任感や使命感ゆえの彼の言動を、ワガママとか自分勝手としかとらえていなかったことを、僕はとても恥ずかしく思う。

彼がいなくなって、僕はそのことを身に染みて知った。

ぶっちゃけた話をすれば、そうなって初めて、僕は歌を歌う人間として、自分が歌う歌に責任を持ち始めた。彼がいたときには、その責任を彼に背負わせて、僕一人だけがいい子になっていられたのだ。

ここで僕が書いているのは、すべて僕から見たこと、僕の感じたことでしかない。

あくまでその前提で、もう少しだけシュンちゃんとの思い出話を。

あるツアーの初日を終えた後、ヒロさんから中目黒の焼き鳥屋に呼び出されて、いきなり言われた。

「アツシ、意味わかるよね?」

「えっ?……ぜんぜんわかんないっす」

僕が首を傾（かし）げると、ヒロさんはいつになく真剣な顔で言った。

「シュンちゃん、今回のツアーでやめるから」

「えっ?」

最初はヒロさんが何を言っているのかわからなかった。

「意思を確認したから。もう……限界だって」

硬い氷が溶けるように、ヒロさんが言っていることの衝撃がようやくじわじわと心に染みてきた。

「アツシ、やってくれるかな」

シュンちゃんがやめても、ＥＸＩＬＥを続けてくれるかという意味だとわかるまでに少し時間がかかった。

「えっ?……あ、やります」

そう答えたものの、その瞬間から頭の中はパニックだった。シュンちゃんがやめることが悲しいとか、センチメンタルな感情が湧く余裕はなかった。

たとえば『Choo Choo TRAIN』ひとつとっても、コーラスはどうするのか。

立ち位置が真ん中になったら、どれくらいの感じで歌えばいいんだろう。

あれはどうしよう、これはどうしようと、考えなきゃいけない問題がどんどん浮かんできて、頭がおかしくなりそうだった。今まで二人で積み上げてきたものすべてが、ガラガラと崩れていく音がした。

ツアーは、まだ十公演残っていた。

確かその次は仙台公演で、『Choo Choo TRAIN』が最初の曲だった。ステージに出ていった瞬間に、涙がこぼれそうになった。会場を埋め尽くしたファンの人たちが、大歓声をあげている。その輝くような笑顔が、小さな棘（とげ）のように僕の心に突き刺さった。

カウントダウンが始まっていた。このライブが終わったら、残りは九公演。二人で一緒にステージに立てるのもあと九回だけ。

けれど歌っているときはもちろん、MCのときもそんなことはおくびにも出せない。

いつものように、冗談を言ったり、ふざけたりして、満員の客席を盛り上げなきゃいけなかった。それが辛くて辛くて、たまらなかった。

あんなに喜んでくれているファンに、自分は嘘(うそ)をついている。

頭では仕方のないことだとわかっていても、心が許してくれない。その罪の意識が、僕の心を少しずつ蝕(むしば)んでいった。

オーディションなんてアイディアはまだ影も形もなかったし、これからは自分一人で歌うのだとばかり思っていた。

最初から一人だったら何も問題はなかったけれど、僕たちは五年の歳月をかけてツインヴォーカルに四人のパフォーマーというEXILEのスタイルを作り上げたのだ。そしてEXILEは、そのたった五年でモンスターのように巨大になっていた。

これからは僕一人で、このモンスターを歌わせなきゃならない。

不安が、プレッシャーが、肩にずっしりとのしかかってきた。

僕にはもう、その不安を分かち合う相棒はいなかった。

パフォーマーの四人は家族のように大切な存在ではあっても、歌うことについての不安や相談を持ちかけていい相手ではない。それは彼らが自分のダンスについて僕に相談しないのと同じことだ。家族ではあっても、僕らはそれぞれの仕事のプロであって、背負う荷物を交換することはできない。

もちろんヒロさんはなんでも相談に乗ると言ってくれていた。けれど、相談して解決できる問題なら重圧にはならないのだ。

その重圧に負けたとは思いたくないけれど、夜寝床について目を閉じると、子供の頃、天井の模様を見つめていたときのように、これから自分がやらなければいけない無数のことが浮かび上がってくる。頭が冴えて、どんなに疲れていようが眠れるものじゃなかった。

喉の強さには自信があったし、どんなに歌っても喉を傷めたことはなかったのだが、ストレスのせいか、生まれて初めて声がかすれるという経験もした。

公演がひとつ終わるごとに、僕らの別れが近づいてくる。ツアーが終盤にさしかかってからのライブでは感情が高ぶって、僕もシュンちゃんも一度ずつ泣いた。

シュンちゃんとの最後のコンサートは、幕張でのカウントダウンライブだった。

ライブには、シュンちゃんがソロで歌う曲もあった。リハーサルでその曲を歌う彼の声が聴こえてきたとき、もう終わりなんだなと実感した。

憂鬱だったし、悲しくもあった。

なんともいえない、とても複雑な気持ちだった。

そのときの気分を、僕は忘れることができない。

7

……

喉にポリープができていることがわかったのは、「ASIA」のレコーディングのときだった。ツアーはなんとか終了し、最後にレコーディングが残された。そのレコーディングのための旅が、シュンちゃんがいたEXILE第一章の最後の旅になった。

海外でレコーディングをするようになったのも彼の発案だった。「やっぱアーティストには気持ちが大切だし、電圧の違いで音も変わるっていうし、気分転換も含めて、海外でレコーディングしましょうよ」みたいな感じで、スタッフに言ってくれたのだ。

そのときはロサンゼルスに行った。パフォーマーチームも一緒に来てくれた。そのロサンゼルスのスタジオで、二曲録り終えたところでキャプテンこと、EXILEのミュージックディレクターである佐野健二さんに止められた。

「アツシ、お前すぐ日本に帰って病院に行け。声の感じがおかしい」

声の調子があまり良くないのは自分でもわかっていた。裏声も出なくなっていた。でもちょっとハスキーな感じだし、むしろ黒人ぽくていいかなくらいに思っていたのだ。

けれど、キャプテンは真剣な顔で続けた。

「明らかに出ていない周波数の音の成分がある。喉に何か異常があるんじゃないか」

帰国して病院に行くと、その言葉通り、喉にポリープが見つかった。

ポリープを切除するかどうか、すぐには判断ができなかった。

手術してしまえば、回復するまでレコーディングはストップしなきゃいけなくなる。シュンちゃんが抜ける前に、僕らはどうしても最後にアルバムを一枚作らなくてはならなかった。それがエイベックスとの契約だった。

僕はとにかく日本のスタジオでレコーディングを続行することにした。

フジテレビの「ＥＸＩＬＥ　６年目の真実」にシュンちゃんが泣いている場面があったけれど（まあ僕も泣いていたけど）、あれは最後に二人で歌った曲の、ミックスダウンをしているシーンだ。

あのとき、僕は喉にポリープがある状態で歌っていた。

シュンちゃんは、そんな僕に、めちゃくちゃ優しく接してくれた。ヴォーカリストが声が出ないなんていうことが、どれだけ辛いかを彼はよくわかっていたのだと思う。

こんなことがあった。

打ち合わせか何かのときに、スタッフの一人が煙草（たばこ）に火をつけたのを見て、シュンちゃんが「あのぉ、煙草……」と言った。彼は煙草を吸っていたから、てっきり「１本ください」と続くのかと思った。けれど、彼の口から出たのは予想外の言葉だった。

「アッシが喉傷めてるんで、止めてもらってもいいですか？」

僕は一瞬で涙目になった。

いや、彼は元々そういう優しい人だった。ただ、その優しさを表に出す余裕がなくなっていただけなのだ。

僕は会ったばかりの頃の彼を思い出した。そして、この五年間、彼がどれだけの重荷とストレスを背負っていたのかを考えずにはいられなかった。

ＥＸＩＬＥがこの世に誕生するために、シュンちゃんはなくてはならない人だった。彼が並んで飛んでくれたから、僕たちは、大空に舞い上がることができた。けれど、いつまでも一緒に飛べるわけではないことを、僕はそのときにはっきりと悟った。

彼には彼の進むべき道があって、それは僕らの目指す場所とはまた違う頂上へと通じていたというだけのことなのだ。

その道を選択した彼を、心から祝福できると思った。

すれちがいも　少しの思いちがいも　必要なのかな…

今はそれも　二人を深めてる　そう信じてる
君を傷つけるつもりはなかった
あのころはまだ　未熟でごめんね

かわらないモノを　互いに胸に抱きながら
それぞれ生きてゆくんだね
いつかまた一緒に　誰かの笑顔をつくるような
そんなことをしようね
僕はいつでも　変わらないよ…

今になって感じる　君の思い　その優しさ
あのころは誰のせいでもない　時のいたずら

分かり合えると信じて歩いて来たよね　ずっと
今日を探して

がむしゃらに走った　あのころの僕たちの夢は
もっと大きくなってる
また一つ叶えてく　僕らの目指してきたモノを
これからも　その夢と
君への思いは変わらないよ…

季節が変わってゆく　その中で
少しずつ　大切なことや　大事なことを
学びながら　生きてゆくんだね
あのころも　これからもずっと

この街のどこかで　君は君の道を歩いてく
今日も素敵な笑顔で
言葉じゃなくても　カタチのないモノだとしても
信じあえる気持ちは

きっとずっと変わらないよ…

（『変わらないモノ』　作詞：ATSUSHI　作曲：Masanori Takumi）

第五章

再生

……1

シュンちゃんからメールが入ったのは、二〇〇九年二月二八日の夜のことだ。

バーで飲んでいるから、久しぶりに会わないかという誘いだった。

不思議な偶然に僕の心は騒いだ。それまでにもメールのやりとりをしていたし、ときどきは食事をしたり酒を飲んだりすることもあったけれど、お互いに忙しくてそれほど頻繁というわけではなかった。

それがよりによってその夜に、二人が会うことになるとは……。

なにしろその夜は、ＥＸＩＬＥの重要な節目となる日の、まさに前夜だったのだ。

結局その夜は二人で朝まで飲むことになった。

いろんな話をした。

ＥＸＩＬＥの第一章の頃の話はもちろんだけれど、あの日から今日まで、それぞれが何を見て、何を感じ、何を考えてきたか。本当にいろんな話をした。

ＥＸＩＬＥの重要な節目とは「EXILE GENERATION」のことだ。その内容については、発表の日までは極秘だったけれど、彼に話さないわけにはいかなかった。

その翌日の二〇〇九年三月一日、僕らは「EXILE GENERATION」の全容を公表することになっていた。全容といっても、複雑な内容があるわけではない。〈EXILEはJ Soul Brothersのメンバーを加え、新生EXILEとして十四人で生まれ変わる〉

要するにこれだけのことなのだけれど、実際に発表すると、驚くほどの騒ぎが巻き起こった。発表してしばらくは、現実社会にもネット社会にも嵐が吹き荒れたといってもいい。賛否両論だった。いや、ネット上に投稿されたり、書き込まれたり、囁かれたりした意見を冷静に分析すれば、反対意見の方が多かったかもしれない。

僕たちメンバーも、そのアイディアを最初に聞かされたときには、かなり混乱したのだから仕方がない。その突拍子もないアイディアを思いついたのはヒロさんだ。

反対意見のほとんどは、メンバーの数があまりにも増えてしまうことに対する戸惑いだった。シュンちゃんがやめてEXILEが第二章に突入するとき、AKIRAとTAKAHIROをメンバーに迎えてEXILEは七人のグループになっていた。メンバーはその七人から、二倍の十四人に増えることになる。小学校の一クラスの半分の人数、名前を憶えるのも一苦労だ。

一人増えるくらいならわかるけれど、一挙に七人も増えるのは、形が変わるというより、別のグループになってしまうと思った人もいただろう。今までのEXILEを大切に思ってくれているファンが拒絶反応を示したとしても不思議はない。

それでもこのモデルチェンジを貫いたのは、ヒロさんに深慮遠謀があったからなのだけれど、それについては後で書く。

僕の説明を聞いたシュンちゃんの示した反応は予想外だった。

「そっか、明日で俺の肩の荷が下りるんだね」

僕はちょっとびっくりした。

そんな風に思ったことはなかったからだ。

彼の立っている場所からは、そういう景色が見えていたことに気がついた。

（この人は、そこまで深くＥＸＩＬＥのことを考え、愛してくれていたのか……）

肩の荷が下りるというのは、つまり、責任から解放されるということ。自分が脱退したことでＥＸＩＬＥの形は変わってしまったわけだから、その形の変わったＥＸＩＬＥ、つまりタカヒロの加わったＥＸＩＬＥの第二章に対して、彼は密かに責任を感じ続けていた。

その第二章が終わり、ＥＸＩＬＥはもう一度新しく生まれ変わろうとしている。彼と僕が二人で歌っていた時代のＥＸＩＬＥは、これで本物の過去になる。大袈裟にいえば、歴史の一ページになるのだ。

それを「嬉しいよ」とも言ってくれたのは、彼なりの新生ＥＸＩＬＥへの祝福だろう。

二〇〇一年にＥＸＩＬＥが誕生し、その五年後にシュンちゃんが抜けてＥＸＩＬＥは第二章に突入した。そして二〇〇九年、ＥＸＩＬＥはさらに形を大きく変える。

目まぐるしいと感じる人もいるかもしれないけれど、ビートルズだってデビューから解散まで七年半しか活動していない。しかも僕らは解散するのではなく、芋虫が脱皮して蝶(ちょう)になるように、形を変えながら大きく成長してきた。

過去になるのが嬉しいのは、ＥＸＩＬＥが進化し続けているからだ。

もしＥＸＩＬＥが潰れてしまっていたら、シュンちゃんにしてもそんなことは言えなかったと思う。

いや実際の話、二〇〇六年はＥＸＩＬＥにとっても危機の年だった。当時の音楽業界の関係者の中には、ＥＸＩＬＥはもう終わったと囁く人もいたらしい。

ツインヴォーカルの一人がやめてしまうのだ。それは事実上の解散であって、仮に残ったメンバーで続けたとしても、ミリオンセラーを記録したＥＸＩＬＥのあの輝きはもう取り戻せない。そう言う人がほとんどだった。少なくとも日本では、過去の歴史を振り返っても、僕たちみたいな境遇から復活したグループは存在しない。

そう考えれば、シュンちゃんが脱退に責任を感じていたのもわかる気がする。自分がやめるということは、自分一人だけの問題ではなく、他のメンバー五人の未来すら変えてしまうことでもあるのだから。

シュンちゃんは彼なりに責任を感じ、彼がいなくなった穴を埋める形でスタートしたＥＸＩＬＥの第二章を見守ってくれていたのだろう。

けれど、取り残された僕ら五人は、不思議なくらい、希望に満ちあふれていた。つまり、やめていくシュンちゃんを心配こそすれ、一瞬たりとも腹を立てたこともなければ、無責任だと思ったこともない。そりゃ悲しかったし、寂しかったし、彼がいなくなってもファンがついてきてくれるかなとか、上手く歌えるかなとか、不安なこともたくさんあったけれど、それを彼のせいだとは思わなかった。

就職して故郷を離れた長男に対する、後に残された家族の心境と言えばわかってもらえるだろうか。脱退することを知った当初こそ混乱したけれど、時間が経つにつれて、それが彼にとって必要なことだと思えるようになった。それが彼のための最良の選択なら、家族としては応援する気持ちしかなかった。

彼の性格からしてそんなこと絶対に言いださないのはわかっていたけれど、それでももし上手くいかなかったら、いつでも戻っておいでよという気持ちだった。

彼がそうできないのはわかっている。でも僕らは離れても家族なのだ。心からそう思える強い絆を、あの五年間で築くことができたことを、僕はとても誇りに思っている。

世間の大人は、甘いと言うかもしれない。

能天気というか、極楽とんぼというか。

けれど、それが僕らEXILEの強さでもあって、だからこそ業界の常識を卓袱台のようにひっくり返し、あの絶体絶命の状況から大逆転できたのだと思っている。


……

2

ヒロさんのすごさについては、いろんな人がいろんなことを言っている。

戦国時代に生まれたら、間違いなく一国一城の主になるタイプだ。

いや、そんなもんじゃない。あの人があの時代に生まれていたら、天下統一くらいはしてたんじゃないかとすら思える。

まあ、それはともかく……。僕に言わせてもらえば、ヒロさんの最大のすごさは、嘘をつかないこと。それに、ものすごくでかい「愛」を持っていて、未来を鮮明に見通すビジョンがある。視野が広いと言えばいいか、見る位置が高いと言えばいいか、普通では考えられないくらい遠くまで見渡している。

現在の彼がその才能を思う存分に発揮して戦う相手は、世間だ。

ヴォーカリストが脱退してＥＸＩＬＥはもう終わったと業界で言われていたその時期に、オーディションなんて奇抜なアイディアを思いついたのも、もちろんヒロさんだった。


業界的にはＥＸＩＬＥは終わりだと囁かれていたかもしれないが、僕らメンバーにはまったくそんな感覚はなかった。むしろものすごく燃えていた。なんでもやってやるという気持ちだったし、またなんでもやれるという自信に満ちあふれていた。

すでに僕たちは、新しい魂を作り始めていた。新しいＥＸＩＬＥの魂だ。

昔のように、新しいスタートラインに立ったような気分だった。

まあ、本音を言ってしまえば、自分たちが売れなくなったらラーメン屋でもやって生活していこうという覚悟みたいなものと、みんなで力を合わせれば、どんなにひどいことが起きても最低限の生活はできるだろうという根拠のない自信があった（楽屋で僕らはよくそういう雑談をしていたのだ）。それくらい、僕らの間には、強い絆が生まれていた。

ただ、ＥＸＩＬＥの形が変わることだけは間違いのない事実なわけで、それをこれからどうするかについてはみんなで何度も話し合っていた。

ある日、ある場所で、そういう話し合いをしていたときのことだ。

ヒロさんが、ふと思いついたという感じでこう言った。

「ねえ、オーディションするっていうのはどう？　それで普通の子が、いきなりミリオンアーティストになるのってヤバくない？」

一般公募でオーディションをして、シュンちゃんの跡を継ぐヴォーカリストを決めようというのだ。

それがほんとにその場の思いつきかどうかはわからない。もしかしたらずっと前から温めていた構想なのかもしれないけれど、ヒロさんはそういうことを言わない。「これは何週間も考えて決めたことなんだけど」なんて前置きをすることで、みんなが反対しにくくならないよう気を遣ってくれているんだと思う。

自信たっぷりのアイディアでも、「ちょっと思いついたんだけど」的なノリで、さり気なく提案するのがヒロさんの優しさだ。

スタッフやメンバーが、そういうアイディアに最初から賛成することができないときもある。ヒロさんが何日も考え抜いて絞り出したアイディアが、誰もが最初から賛成したくなるようなありきたりのアイディアであるはずはないのだ。

最初のうちはみんななんとなく賛成のような反対のような、「なるほどー」とか「ふーむ」とか、どっちつかずの返事をしながら、その提案を咀嚼(そしゃく)したり、自分の考えを整理したりしている。

一般公募のオーディションで新しいヴォーカリストを決めるというそのアイディアも、すぐにというわけではなかったけれど、みんなだんだんヒロさんの「ヤバくない?」に同調するようになっていた。

ごく普通の人がそのステージに引っ張り上げられて、何千何万のファンの歓声を一身に受けたら、どんな感じがするだろう。僕が言うのも変な話だけど、EXILEのパフォーマーたちと同じステージに立ったら、どんな気持ちになるだろう。

ヒロさんのアイディアは、EXILEのヴォーカリストになれるチャンスの扉をすべての人に開くということなのだ。現代のシンデレラストーリー、公開オーディションでミリオンアーティストを決めるというわけだ。

ヒロさんの話を聞きながら頭をよぎったのは、かつてチャレンジした「ASAYAN」のことだ。不景気な話ばかりの世の中に、ひとつくらい大きな夢のある話があってもいい。その夢をEXILEが作るのだ。これが上手くいけば、僕らも再び上昇気流に乗って高く舞い上がることができるかもしれない。

オーディションの開催を発表すると、反響の大きさは予想を遥(はる)かに超えた。スポーツ新聞や週刊誌までもが、大々的にこの話を取り上げてくれた。

若い世代向けの雑誌ならかなり取材してもらったし、表紙を飾ったことも何度かあったけれど、サラリーマンの人たちが通勤電車の中で読むようなスポーツ新聞だの週刊誌だのがＥＸＩＬＥを大きく取り上げたことはそれまであまりなかった。

社会的に言えば、僕たちはたとえば夜中にコンビニの前でたむろしているようなイマドキの若者文化の一種とみなされがちだった。わかりやすく言えば、ＥＸＩＬＥは世のオジサンやオバサンの関心の対象ではなかった。それが世間の認識だったはずだ。

その雰囲気が、オーディションの発表を境に一気に変わった。

ＥＸＩＬＥが新しいヴォーカルを募集するという話題が、ある種の社会性を持ったニュースとして認められたのだ。

そしてＥＸＩＬＥは、人気はあってもあくまで若者文化の一部分という位置づけから脱して、世間一般の人たちからも広く認識される存在となった。

ヒロさんが天才だなあと思うのはこういうときだ。

シュンちゃんの脱退という危機的状況を逆手にとって、新メンバーを決めるプロセスをエンターテインメントにして世間の関心を集め、気がつけばＥＸＩＬＥの社会的なポジションまで押し上げてしまった。こういう呼吸の絶妙さこそが、ヒロさんのすごさなのだ。

ついには、二〇〇九年一一月一二日の「天皇陛下御即位二十年をお祝いする国民祭典」で、僕たちは奉祝曲『太陽の国』を献納した。日本国民を代表してお祝いの歌を歌わせていただくという気持ちで臨(のぞ)んだのだけれど、国民を代表するなんて名誉ある舞台に僕たちが立てたのも、EXILEのメンバー一人ひとりの強い思いと、あの時期に逆境に負けずに立ち向かった結果だと思う。

そのオーディションは社会的な認知度を高めるだけじゃなくて、EXILEのファン層をさらに大きく広げる結果にも結びついた。

誰でも受けられるオーディションで新メンバーが決まるなんて前代未聞のことではあったけれど、考えてみればなんだか開放的で気持ちがいい。その破天荒なまでのオープンさが、世の中の共感を集めたのだと思う。

EXILEはもう終わりだなんて業界内の噂話(うわさ)は、風速五十メートルの風に吹き飛ばされたみたいに空の彼方(かなた)に飛んで行ってしまった。

これは今だから言えることだけれど、オーディションでの僕のタカヒロに対する第一印象はあまりよくなかった。

顔はカッコいいし、歌もそれっぽく歌う彼は、なんだかちょっとでき過ぎのように思えたのだ。おまけに話をしたら、ものすごくいいヤツだし、礼儀は、正し過ぎるくらいに正しいし……。なんだよ、甘いマスクの超優等生かよ、みたいな。

あの感覚は、なんだったのだろう。

シュンちゃんとずっと一緒にやってきた僕が、かなりギャップを感じたのは事実だ。メチャクチャだけど、熱くて、他人には理解できないような深遠さを内に秘めたシュンちゃん。それに対して、顔も性格も良くて、正義感が強く、おまけに習字やカラテにも熟達した、ある意味、見たことがないくらいの完璧さを備えたタカヒロ。

ヒロさんを始めとして、他のみんなのタカヒロの評価は最初から高かったけれど、僕だけは最後まで厳しかった。なにしろ自分の相棒を決めるわけだから、見方も厳しくなるし、慎重にもなるのは仕方がないと、ご理解いただきたい。

ヒロさんの直感的な感覚もわかるけれど、これだけはちょっと俺にも考えさせてくださいよ、と。だって一緒に歌うのは俺なんだから……みたいな感じで、みんながタカヒロはいいと言っても、僕は「まだまだわからんぞ」という、ちょっと仙人的な感じで見ていた。

けれど、一次審査から、二次審査、三次審査と勝ち抜きながら、さらに成長していくタカヒロの本質を感じて、認めざるを得なかった。

今考えれば、日本中のどこを探してもタカヒロしかいなかったと思う。

歌はどんどん上手くなっていったし、人間性もいいし、態度もいいし、熱くなり過ぎていないし、だからといって控えめ過ぎるわけでもない。こんなにバランスがとれている人がいるだろうか。そしてそういう資質は、これからのＥＸＩＬＥのヴォーカリストのもう一人の柱として、いや、新しい僕の「相方」として完璧だった。

二〇〇六年の九月二二日にオーディションを勝ち抜いたタカヒロの参加が決まり、その年の暮れには二十一枚目のシングルを発表。そして翌年の二月に発売した二十三枚目のシングル『道』と、五枚目のアルバム「EXILE EVOLUTION」でオリコン一位を獲得する。二〇〇八年には三枚のベストアルバムを発表し、そのうちの二枚がミリオンセラーになった。

そう書けば、すべては順調で予定通りのように見えるかもしれないけれど、現実に起きていた出来事は、ある意味では高層ビルの屋上で綱渡りするよりも遥かにリスキーな、究極の綱渡りみたいなものだった。

オーディションというある意味での準備期間があったとはいっても、タカヒロの気持ちになれば、ライブ会場で客席に座っていたら、いきなりステージの上に引っ張り上げられてマイクを渡されたみたいな話なわけで、誰も想像できないようなすさまじいプレッシャーの中で彼は頑張り続けたのだ。

なにしろライブツアー「EXILE EVOLUTION」がスタートしたのは二〇〇七年の五月一一

日、タカヒロが僕らの一員としてプロの歌手になって、わずか八カ月しか経っていなかった。

きっと最初は、ステージで大歓声に包まれたら、自分の声が聞こえなくなってしまうということすら知らなかったと思う。

そういう状況なのに、さいたまスーパーアリーナを皮切りに、そこに立つだけでも足が震えるような大舞台に両足を踏ん張って、彼は歌い続けたのだ。視界を真っ白に飛ばしてしまうスポットライト、飲み込まれそうな熱狂の渦、うっかり足を滑らせれば奈落の底まで落ちてしまうように思えるステージ。普段の生活の中で、そんな場所に足を踏み入れることなど、決してない。

気持ちが理解できるだけに気の毒に思うこともあった。デビュー当時の自分が、そこに立つようなものだ。あのツアーをタカヒロが乗り切ったとき、「こいつ本当にすげぇな」と心底思った。努力を讃えてあげたかった。

そして、その気持ちを、僕はなんとかして彼に伝えようとした。

追加公演の東京ビッグサイトのライブで二日間だけ、『運命のヒト』を歌うことになった。それは最終オーディションで、タカヒロが歌った曲だった。彼がＥＸＩＬＥの新しいヴォーカリストになる決め手になった曲だ。

〝やっと出会えた〟　気づいた時は遅くて
大人びた今なら　もう少し　うまくつき合えそうだよ

今まで　それなりに　恋をしたりもしたけど
ふと気がついた　その瞬間に　いつも君が浮かんでくる

この思い感じていたい
叶わないと知っても
今　僕の気持ちは一つだけ

君以外の　他の誰かをまだ
好きになれずにいる　こわれそうで
今は　別々の道だけど　僕はすべてをうけとめる

伝えていいのかも　わからない

この気持ち　叶うのかな　いつかは
そんなこと言う権利もない

君は今　何オモウノ…

どんな言葉で　今はいやされているの？
君には　もうすてきな人が　どこかにいたりするかな

この思い感じてほしい
今僕の恐さや後悔も
全てをうちあける

あれから何度も　君に触れたくて
眠れない夜に目をつぶってた
今は　答えを出せずにいる　君を悲しませたくない

伝えきれないほどのこの愛を
目をそらさずに感じてほしいよ
どんな言葉もうけいれるよ

君は今　何オモウノ…

君だけを愛しているよ

（『運命のヒト』　作詞：ATSUSHI　作曲：Hiroo Yamaguchi）


二人でこの曲を歌い終えたとき、サプライズというほど大袈裟なものではないけれど、僕はタカヒロとの打ち合わせにはなかったMCを入れた。

そして、タカヒロに握手を求め、ハグして、咄嗟にこう呼びかけた。

「よく頑張ったね……」

なんだか、どうしても褒めてあげたかったのだ。

『運命のヒト』は、もちろん一人の女性を想って書いた曲だけれど、そのタイトルは一万人の中からたった一人選ばれたタカヒロにとっては意味深長だった。君が僕らの運命の人だったんだよと、言っているようにも思える。

会場が拍手と歓声に包まれる。ファンのみなさんの気持ちのこもった、温かい、心からの拍手だった。それはタカヒロを本当の意味で、メンバーの一人として迎え入れるという承認と歓迎の拍手でもあった。

タカヒロの目に涙があふれた。

次の曲が『道』だった。

タカヒロがその曲の途中で黙ってしまった。その目からは涙があふれつづけ、必死で嗚咽をこらえている。

その姿を見て、僕はＥＸＩＬＥ第一章の頃を思い出していた。

最後のアリーナツアーで僕が涙に詰まって歌えなくなったとき、シュンちゃんがさり気なく僕のパートを歌ってくれたことを。

めったにあることではないけれど、歌詞が不思議なくらい今の自分の境遇や心境にぴったりとシンクロして、まるで自分の心の中身をそっくりそのままさらけ出しているような気持ちになることがある。

そうなると、経験のある歌手でも涙をこらえて歌いつづけるのは難しい。あまりにも深く歌詞に感情移入すると、人は歌えなくなってしまうのだ。

あのとき、タカヒロに起きたのもそういうことだったのだろう。

タカヒロに握手を求めるという小さなサプライズを『運命のヒト』の後に用意したのは、そのタイミングがいちばん相応しいと思ったからだ。その『運命のヒト』の次の曲が『道』だということは、考えもしなかった。

けれど、今考えてみても、あの曲はあのときのタカヒロのために書かれたような曲だった。しかも歌詞のところどころの語尾が「です」「ます」の丁寧な口調になっている。そんなこと考えてもいなかったのだけれど、まるでタカヒロが自分の気持ちを喋っているかのような奇跡が起こったのだ。

嗚咽して、歌えなくなったタカヒロのパートを代わりに歌いながら、ああ、こういうことなんだなと思った。自分が親になって初めて親の気持ちがわかると言うけれど、僕にもタカヒロという後輩ができて初めて兄貴分としてのシュンちゃんの気持ち、彼の責任感が理解できるようになった気がした。

あの二〇〇七年のツアーの成功は、ＥＸＩＬＥの未来を占うものだった。

ファンのみなさんはアキラとタカヒロという新しいメンバーを、心から温かく受け入れてくれた。そして七人になったＥＸＩＬＥのメンバーは、第一章の頃から変わらないほど、いやそれ以上の深い絆で結ばれた。

三段跳びに喩えるなら、第一章はホップ、第二章はステップ。とすれば、そこで止まるわけにはいかない。ステップの一歩を踏んだら、すぐに全身の力を振り絞って、渾身の力で、誰にも真似のできないような大ジャンプをしなきゃいけない。

僕はヒロさんの考え方、生き方を、密かに「ヒロさんイズム」と呼んでいるのだけれど、そのヒロイズムが本気のフルパワーで発揮されるときが来た。

ＥＸＩＬＥは全力疾走に入ったのだ。

二〇〇八年の一月一日には、「EXILE PERFECT YEAR 2008」の開幕を宣言した。第一章でのヒット曲を含めた三枚のベストアルバムのリリース、「月刊ＥＸＩＬＥ」の創刊、「劇団ＥＸＩＬＥ」の旗揚げ、「エグザムライ」本編発売、さらに東京ドームを始めとする全国四十万人を動員する初の五大ドームツアー「EXILE PERFECT LIVE 2008」の開催が、その具体的内容だ。

そのすべてが大成功だった。この年に発表した三枚のベストアルバムのうち二枚はミリオンセラーとなり、年末にはレコード大賞を受賞、そして「ＮＨＫ紅白歌合戦」には札幌からの生中継で二年連続四回目の出場を果たす。この年のＣＤとＤＶＤの売り上げは二百億円に達した。驕り高ぶるつもりはまったくないが、少なくとも日本にいる限り、アーティストとしてこれ以上は望むべくもないような華々しい成功を、僕たちは手にしたわけだ。

ＥＸＩＬＥはもう終わりだと、業界関係者に囁かれていたあの二〇〇六年から、たった二年しか経っていなかった。

空前絶後の大成功、これが童話なら「そしてＥＸＩＬＥの七人は、いつまでも幸せに暮らしましたとさ」と終わりにしてもいいところだ。まあ、そんなハッピーエンドがなかなか許されないのが現代社会の世知辛いところではあるけれど、それにしたって頑張ってきたご褒美に、ちょっとくらい休んだって神様は許してくれそうなものだ。

新しいメンバーを加えた七人のＥＸＩＬＥが、これだけ世間に受け入れられたわけだから、しばらくはこのままの形で続けよう。そう考えるのが普通だろう。

けれど、ヒロさんの発想からすれば、こんな絶好のチャンスで立ち止まるなんてあり得ない。自分たちが絶頂にある今だからこそ仕掛けなきゃいけないということになる。

ホップ、ステップときたら、最高の勢いがついたところでジャンプするのがヒロさんのセオリーなのだ。二〇〇九年三月一日に「EXILE GENERATION」を発表したのは、つまりそういうわけだった。

その中身は、何度も繰り返すが、きわめて単純明快だ。

ＥＸＩＬＥにJ Soul Brothersのメンバー七人を加えて、十四人編成にする。

だけど、いったいなんのために？

……

3

最近、「今、ＥＸＩＬＥって何人でしたっけ？」と半笑いで聞いてくる人も少なくない。まぁ、無理もない。最初にヒロさんからその話を聞いたときは、僕だって正直言って首を傾(かし)げた。すべてがこんなに上手くいっているというのに、メンバーの数をいきなり二倍に増やすだなんて……。そんな必要がいったいどこにあるのだろう。

もっともヒロさんはトップダウンの決定事項としてその話をしたわけではない。例によって、最初は飲み会の席とかで、ほんの思いつきのように話したのだと思う。

思う、というのは、いつもの他愛ない話や世間話と同じトーンで話しているから、最初にその話を聞いたのがいつでどんなシチュエーションだったのか、正確に憶えていないからだ。

「メンバー増やすっていうのはどうかな？　倍くらいに……」

たぶん、そんな感じで話したのだと思う。

（ん？　またヒロさん、スゴいこと言いだした……）

そう思いながらも、まずは黙って話を聞く。年上のリーダーだからというだけではなく、なにしろ、今までの経験からいえば、ヒロさんが言いだしたことは、百パーセントとは言わないまでも、たいていはその通りになってきたという実績がある。

この話が出たとき、「形あるものに永遠はない」ということを、ヒロさんはしきりに言っていた。

今どんなにＥＸＩＬＥが上手くいっていようとも、それがいつまでも続くことは絶対にない。芸能界の栄枯盛衰を見れば、そんなことは誰が考えても明らかなのに、どういうわけか自分のことになると目が曇る。この繁栄がいつまでも続くと勘違いしてしまう。

そんなハズはないのだ。

どんな高い山だろうと、頂上まで登ったら下りなきゃいけない。

下りたくないのなら、道はただひとつ。

もっと高い頂上を目指すしかない。

まあ、話の中身はそういうことなのだけれど、ヒロさんはそんな風な理屈っぽいモノの言い方はしない。発想をどんどん広げながら、どんな未来が見えるかを丁寧に言葉を尽くして話す。

「タカヒロが入ってＥＸＩＬＥはさらに盛り上がったじゃん。アツシがネスミスと一緒に歌うシーンを見たら、昔を知ってるファンは絶対感動すると思うんだよなあ……」

ネスミスはあの「ＡＳＡＹＡＮ」の最終選考に僕と一緒に残っていた。タカヒロが勝ち抜いたＥＸＩＬＥのオーディションにも参加していた。残念ながらそこでも落選したが、ヒロさんに見出されて二代目J Soul Brothersのヴォーカリストになっていた。不屈の闘志で、倒れても倒れても立ち上がり続けた彼が、数奇な運命の糸に導かれて、ついにＥＸＩＬＥのメンバーとしてステージに立つのだ。

たしかに当時の事情をよく知っているファンなら、鳥肌が立つような光景になるかもしれない。

「なるほど、いいかもしれないっすね」なんて相づちを打ちながらも、心の中ではこうだ。

(でも十四人は多過ぎじゃないかなあ)

いつものように、その夜は話を持ち帰る。

そして、また次の機会に、家で考えてきたことをヒロさんに話すわけだ。

リーダーあるいは社長の権限で、みんなに自分の意見を押しつけたって誰も文句は言えないとは思うのだが、ヒロさんはそれをしない。

みんなが納得するまで、とにかく何度でも話をする。説得するのとは、ちょっと違う。アイディアの裏側にある意図をすべて伝えてくれるのだ。納得もしていないのに無理矢理引きずり回しても、何もいいことはないのをよく知っているのだろう。

みんながその気になって走らなければ、いいモノなんて絶対に生まれない。だからヒロさんは理屈で納得させるだけじゃなく、感覚とか感性にまで訴えかけて、みんなの心に火がつくまで話し続ける。

そして話をしているうちに、僕らメンバーはだんだんヒロさんと同じように考えていることに気づく。それはとても自然な変化だから、後になってなぜ自分が最初からそう考えていなかったのか、逆に不思議に思うこともあるくらいだ。

いや、それ以上に、それがヒロさんの愛なのだ。

みんなの将来を考えた、未来のためだからだ。

何度も話しているうちに、だんだん自分もヒロさんがモノを見ている高さまで引き上げられると言えばいいだろうか。ヒロさんはおそらく最初から山の上に立って見ているから、遠くにあるものが見えているのだけれど、それは言わない。

「俺の高さから見たら誰だってそう思うよ」みたいなことは絶対に言わないのだ。

むしろ自分から僕らの目線まで下りてきて、同じ景色を一緒に見ながら話をする。

なんとなく相手が自分の意見に反対だなと思ったら、その反対意見を封じ込めないで、思っていることを全部ちゃんと言わせる。

そして、上の景色を知っているヒロさんは確信を持って、少しずつ僕らを山の頂上まで引っ張り上げていく。そして気がつけば、僕らにも遠くの景色が見えているというわけだ。


人数を増やす話をしていたとき、ヒロさんが僕らに見せてくれたのはＥＸＩＬＥの未来の姿だった。


形あるものは滅びる。

いかなる奇跡が起きようと、ＥＸＩＬＥが永遠に続くことはない。

いや、永遠なんて大袈裟な話をすることはない。

どんなグループだって五年も続けていれば、年もとるし、飽きられる部分だって出てくる。ＥＸＩＬＥだってあと数年で二十代のメンバーは一人もいなくなる。メンバーのほとんどが40歳を過ぎてから、若い子を入れようとしてももう遅い。

形あるすべてのモノは滅びる。ＥＸＩＬＥだって滅びる。そう遠くない未来に。

ただ、ひとつだけ、その運命をひっくり返す方法がある。

ＥＸＩＬＥそのものを、無形にしてしまうのだ。つまり、「夢」や「想い」でもいい、「後世に継承できるもの」にするというわけだ。生身の人間の集まったグループに永遠はないけれど、夢や想いなら少なくとも永遠に継承し、挑戦することができる。

喩え話にするには失礼かもしれないが、サッカー日本代表チームは、常にメンバーが入れ替わっている。でも、昔も今も、そしてこれからも、全国のサッカー少年の憧れだ。そして、サッカー日本代表チームは、サッカーというスポーツがある限り、存在し続ける。

いつか今のメンバーがいなくなっても、ＥＸＩＬＥが生き続けることはできる。

そしてその無形のＥＸＩＬＥが想いとして続いていく限り、日本中の歌やダンスが好きな子供たちに、本当の意味での夢を与えられる。

ＥＸＩＬＥの一員になるという夢だ。

その可能性は、すべての子供たちに開かれる。

メンバーの数を一気に二倍に増やすのは、そのための布石なのだ。


いろんな話をしながら、少しずつ僕たちの気持ちはヒロさんの考える、後世につながる壮大な「愛のビジョン」を核にして固まっていった。

シュンちゃんがやめると決めたときから、ヒロさんはずっと考え続けていたのだと思う。形あるものは滅びる。どんなものにも永遠はない。今はやめるのはシュンちゃんだけれど、他のメンバーだっていつかはやめなきゃいけない。そうなっても、ＥＸＩＬＥが続いていくためにはどうすればいいのか。考え続けた結論が「EXILE EVOLUTION」だったのだと思う。

EVOLUTIONは「進化」だ。

ＥＸＩＬＥを生身の人間が集まったグループから、それ以上の存在、ＥＸＩＬＥという夢へと進化させる。

それが成功すればいつか僕たちがＥＸＩＬＥを去る日が来ても、ＥＸＩＬＥが滅びることはない。子供たちの夢であり続けることができる。

そして子供たちの夢であり続ける限り、ＥＸＩＬＥはいつまでも続いていく。

それが、危機に直面したときからヒロさんが考えに考え抜いて辿り着いた、永遠に挑戦するための答えだったのだと僕は思っている。

この章の冒頭で、この「EXILE GENERATION」の発表前夜にシュンちゃんと飲み明かしたことを書いたが、その次の日、僕は新メンバーとオリジナルメンバー全員にこんなメールを送っている。履歴に残っていたので、全文を転載してみる。

《おはようございます。偶然か必然か、昨日の夜シュンちゃんから連絡があり、久しぶりに会いました。彼の顔を見ながら、今日また新しい幕開けなんだと思うと、とても感慨深いものがありました。そして彼にジェネレーションのことを伝えたらこう言っていました。「そっか、明日で俺の肩の荷がおりるんだね」。きっと彼が辞めたことで奇跡的に生まれた新たな夢であり、彼が感じていた、辞めたことへの責任感が今日解放されるんだと気づきました。そして、久々に会って彼への尊敬と感謝の気持ちをあらためて感じました。そんな想いでジェネレーションを祝福してくれる人がいることも皆さんの心のどこかに置いといてください。今、正直、僕は不安です。でも、今まで信じてきたヒロさんを信じ、今まで過ごしたメンバーと新しいメンバーを信じてやるしかないんだというふうにいきり立って気合を入れてます。今、自分自身にやさしさのカケラを見せたら、心が折れてしまいそうなんで、ある程度落ちつくまでは多少厳しい顔をしてるときがあるかもしれませんが、ジェネレーションという世代を超えて、この想いを残していくことが自分の使命だと肝に命じて頑張っていきますので、そこを理解していただけるとうれしいです》

最終的にはすべてメンバー一致で決めたこと。

それでも、新たな試みや挑戦をするときは、漠(ばく)とした不安が頭の中で膨らんでくる。

しばらくの間、そんな弱気と戦いながら、僕はファイティングポーズを崩さずにいた。

……4

こうしてＥＸＩＬＥの第三章、新生ＥＸＩＬＥの歴史がスタートする。

新メンバーとなった J Soul Brothers のメンバー七人のうち、ネスミスとショウキチはパフォーマーでもありヴォーカリストでもある。パフォーマーとしてダンスに専念することもあれば、ヴォーカリストとして歌うこともある。曲によって、ヴォーカルはソロから四人まで可能で、編成の自由度が飛躍的に大きくなった。

四人のヴォーカリストと十二人のパフォーマー（二人は両方できるので数はダブっている）の組み合わせは、ほとんど無限といってもいいだろう。

僕たちＥＸＩＬＥは以前よりもさらに変幻自在な、スリリングで、胸をワクワクさせるライブができるようになった。もちろん本当にそうなったかどうかの判断は、ライブに来てくださったみなさんにお任せするしかない。

ただ、今も忘れられないことがひとつある。

「EXILE GENERATION」を発表したときにネット上に吹き荒れた嵐だ。

もちろん応援してくださる声もたくさんあった。

反対意見にしても、心からＥＸＩＬＥのことを思ってのことと感じられる意見が多かった。

けれど、それだけではなかった。

心ない中傷、憶測に基づく見当外れの批判が、人の心をどれほど深く傷つけるかを、おそらくネットに書き込みをする人たちは知らないのだろう。

書くだけ書き散らして、その後で自分が書いたことがまったくの勘違いだったり、誤解だったりしたことがはっきりしても、謝罪はもちろんのこと訂正すらしない。ネットの世界にゴミのように捨てたまま放置している。匿名で、誰が書いたかわからないから、それでいいのだろう。けれど、ネットの世界に亡霊のように彷徨う古い悪意の書き込みは、検索という呪文によっていつでも今に蘇る可能性を残している。

書かれた本人からすれば、こんなに気の滅入る、迷惑な話はない。

それだけはなんとかならないのかなあと思う。

批判したり批評したりすることは悪いことじゃない。けれど、世の中にそれを訴えるなら、せめて自分の顔と名前を出して堂々とやるべきじゃないか。

もちろん、そういうひどいことを書くのは世の中のほんの一部の人であって、大多数の方たちは温かい目で見てくださっているのはよくわかっている。けれど、僕らみたいな立場の人間は、ネットにちょっとでも書かれていると、世の中の全員がそう思っているような気がしてしまうことがある。これは結構キツイ。一度でもそういう目にあった人ならわかると思う。

僕は普段からあまりインターネットの世界にアクセスして情報を得ることをしないけれど、あの件ではヒロさんも相当傷ついていたと思う。さすがにあのときは珍しく、パソコンの中の世界を気にしていたようだ。

考えるまでもなく、この世の中でいちばんＥＸＩＬＥを大切に思っているのはヒロさんなのだ。一日二十四時間、一年三百六十五日、何をしているときでもＥＸＩＬＥのことを考えているに決まっている。

そういうヒロさんがいてくれるから、僕は自分の音楽に専念できる。

詩を書き、曲を作り、歌を歌うことだけに集中していられる。

僕は自分が芸能人だなんて思ったことはない。

僕は何があってもただの「歌うたい」であり、一人のミュージシャンでしかないし、そのことをわきまえ、そして常に感謝している。

……

5

もっと突き詰めて言えば、自分で歌いたい曲を作り、それを歌いたいように歌えるなら、それだけで僕は自分の人生に喜びを感じ、満足することができる。ファンが二十人しかいなくても、その二十人のために毎晩ピアノの前にでも座って歌うことができれば、それで本当に幸せなのだ。

たった一人の心を動かすことの方が、一万人の心を動かすよりも難しいこともあれば、価値があることもある。

けれど、それでも、この華やかな世界で音楽活動をするということには、何物にも代えられないくらい大切な意味があるように感じている。

たくさん売れるということは、たくさんの人の心がそこにあるということだと僕は思う。ただの数字じゃない。命がそこにたくさんあって、同じだけの人生という物語があるということだ。その物語に一瞬でも寄り添うことができたり、影響を与えたり、忘れていた大切な何かを喚起したりできているかもしれないということだ。僕はそこに意味を感じ、ヴォーカリストとしての生き甲斐(がい)や使命を感じている。

その感覚の中で僕が気づいたことは、驕り高ぶることなく、数字や情報に惑わされず、一人の人間として一所懸命歌い続けることが、生き方として、ものすごく意味のあることになっていくということだ。それだけで、ひとつの大きな表現になる。

微妙に論点がずれるかもしれないけれど、僕がライブ中に話すMCが敬語だというのも、その生き方のひとつだったりする。

ライブが盛り上がっているところで、「みなさん、盛り上がっていきましょう！」「知ってる方はぜひ一緒に歌ってください」とサングラスをして筋の入った坊主頭の僕が煽るわけだ。

それを観て、こう言う人もいる。

「あそこはさ、『行くぞ、お前ら！　ついてこいよ！』でいいんじゃないの？」

でも、やっぱり僕はできる限り多くの人と心を通わせるために、敬語で語りかけたい。媚びているのとは違う。初めて僕らのライブを観に来てくれた人が、たとえＥＸＩＬＥを知らない人でも、必ず楽しめる空間を作りたいと思っているからだ。

初対面の人に「おい、お前ら」はないんじゃないかと思うし、会場には僕らよりずっと年上のお客さんだってたくさんいるだろう。高校生の娘を心配して付き添いで足を運んでくれた、ＥＸＩＬＥの曲を聴いたこともないお父さんとか。そんな方にも、できる限り楽しんでもらいたいし、そのための努力を僕はすべきだと考えている。だから、「お前ら、ついてこいよ！」とはどうしても言えない。僕らのコンサート会場の中に、不快に感じる人が一人でもいたら嫌だなと素直に思うのだ。

売れるということは、背負うべき責任が、より大きく、重くなるということなのだろう。その責任を果たすことも表現になると、僕はそう理解している。

大衆に迎合するという言葉があるけれど、モノを作る人がそれをやるのは、間違いなく自殺行為だ。一人のミュージシャンとして、そのことにはかなり敏感なつもりだ。数という恐ろしい魔物に喰い殺されてしまわないように、いつも心している。

たとえば、こういう曲が流行っているからと、何かを真似して作っても、まず良いものはできないし、音楽に限ったことではないけれど、数を売ることを意識し過ぎると質が下がるとか、面白くなくなるというのはよくある話だ。

自分の心に素直に、無心で作った曲でなければ、人の心に届かないし、響かない。本当の意味での感動が生まれないと思う。ときに大切なのは、気づきであり、共感であり、感動であり、心に響くことだ。

もちろん難しいのは、そういう「本質」と、「多くの人に認められる＝多くの人の心に響く」ための様々な企画や計算というものが、なかなか両立しないというところだ。この奇妙な世界では、ときに質が悪くても信じられないくらいたくさん売れたり、本当に良いモノがなかなか売れなかったりすることもある。

世の中が求めているのは、等身大の生身の人間の素直な感覚ではあっても、ただ素直なだけでは埋もれてしまうのだ。

お菓子に喩えるなら、その中身には、ひたすら良質な素材だけを使い、とにかく手間をかけて丁寧に作るしかない。けれど、その中身を入れるパッケージには、また別の工夫が必要だ。時代を読み、お客さんの好みを知り、どこでどういう風に売るかまで考え抜いて、初めてヒット商品が生まれる。大ヒット商品を生み出すためには、さらに、言葉は悪いけれど、ときにはしたたかな戦略も必要になってくる。

ただ、僕は第一に、職人として、とにかく美味（おい）しいお菓子を作ることに集中している。採算も手間も度外視して、いつの日か、食べた人の人生が変わってしまうくらい美味しいお菓子を完成させることを目指す。

他のメンバーも、きっと同じなんじゃないかと思う。

そうしてできたお菓子を、ＥＸＩＬＥ十四人で意見を出し合って、素晴らしいパッケージに包んで世の中に送り出すのだ。

どんなに美味しいお菓子を作っても、それが売れて、誰かに食べてもらえなければなんにもならない。

どんなにたくさんのお菓子を売ろうと、そのお菓子が美味しくなかったら意味はない。

人の心を感動させるほど美味しいお菓子であって初めて、それをたくさん売ることに意味が生まれる。

その意味を、十四人のメンバーの絆が、確固たる信念を持って、これ以上はないくらいにしっかりと支えている。だから僕たちは、大きな翼を広げて高い空を飛ぶことができるのだ。

そして、さらなる高みを目指す。

宇宙の色が見えそうなくらい、高い高い紺碧(こんぺき)の空を——。

第六章

愛を伝える

……　1

あれは、確かデビューして三年目のことだった。

一通のファンレターをもらった。

その手紙を、僕は一生忘れない。

「アツシさんの歌を聴いて、私は自殺を止(や)めることを決めました」

そう書かれていた。

一瞬、頭が真っ白になった。

言葉の意味が僕の心に染み込んでいくのに、しばらく時間がかかった。

そんな風に、僕の歌を聴いている人がいたのだということに深く衝撃を受けたのだ。どんな理由かはわからないけれど、少なくともここには一人、自分の命と向き合いながら、僕の歌を聴いてくれている人がいる。

良いことをしたとか、死なないでよかったとか、そういう気持ちよりも、心に湧いてきたのは、ひとつの疑問だった。

「僕は彼女ほど切実に、自分の命を賭けて歌っているだろうか」

アルバムはミリオンセラーを達成し、大勢のファンの歓声を浴び、歌を聴いてもらえるようになった頃から、僕の心はこれまでに体験したことのない刺激を受け続け、かなり敏感になり、疲弊(ひへい)していたように思う。そして、その刺激はたくさんの疑問になって僕の心に突き刺さってきた。

どうして僕はこんなに大きなステージに立っているんだろう。どうして僕の歌を聴いてみんなが喜んでくれるんだろう。どうして何もしていないのに、自殺を止めることができたんだろう。どうして……。

後から後から浮かんでくる「どうして？」の答えを探して、僕は考え続けていた。

僕はなんのために歌っているのだろう。

僕は何を歌おうとしているんだろう。

僕がこうして歌っていることに、どんな運命があるんだろう……。

考えに考え続けていたあるとき、歌詞を書いていたのか、なにか必要なものをメモしていたのか覚えていないけれど、突然、幸福感に満ちたイメージが頭の中いっぱいに広がった。不思議な瞬間だった。

僕はそのイメージを、言葉にして書き留めた。

「天音(あまおと)」と――。

そのときのイメージがどんなものだったか、読者のみなさんがわかるようにここで説明するのは難しい。

「天音」は、天上から優しく、そっと僕の心と身体に降ってくる。趣味もジャンルも、言語も超えて、聞く者すべてを幸せにするような、神聖な音だ。

イメージに身体を預けて、その音に聴き入っていると、僕のこの声だって「天音」だと気がついた。僕の声が神聖というわけではなく、天から授かった音であるという意味で。

そして、この声で歌うことで、僕が奏でたいと願っているのも「天音」――。

この真理に辿りついたとき、僕の歌うことに対する思考がひとつになった。すべて、天が僕に与えてくれた運命のようにも思えたし、天が僕に課した使命のようにも感じられた。

ＥＸＩＬＥが初めて武道館に立つ日の前日に、僕はひとつの使命をタトゥーにして自分の身体に刻んだ。

自分がこの世を去るその日まで、その気持ちを忘れないように。

その言葉はこうだ。

I'm gentle and convey love. ――僕は愛を伝える優しい男。

あのときから、何かが変わった。

歌うときの気持ちの入り方が変わった。

歌うことが好きだから、歌い始めた。

歌うと喜んでくれる人がいたから、歌い続けた。

歌は、誰かのために、何かをするということの意味を教えてくれた。

人は人を幸せにしたときに、初めて自分も幸せになれるということも。

有名になるという子供の頃からの夢をかなえてくれたのも、子供の頃には想像することすらできなかった世界を見せてくれたのも。

その歌が歌えなくなったことが、一度だけある。

それも考えてみれば不思議な偶然なのだけれど、第一章と第二章の間、ＥＸＩＬＥをひとつの曲とするなら、歌詞のない間奏が流れるそのタイミングで、僕は声を失った。

僕の喉(のど)にポリープができた原因が、おそらく当時のストレスにあったということは四章で書いた。

ロサンゼルスでのレコーディングで声がおかしくなっていることを指摘され、帰国して調べたら声帯にポリープができていた。

医師の説明によると、手術して取り除くべき大きさのポリープだった。まして僕は歌手という、喉を酷使する職業に就いているわけだから。

けれど、すぐにその勧めにしたがって、手術を受け入れる気にはなれなかった。

子供の頃から丈夫なタチで、入院なんてしたことがない。骨折はもちろん、一針でも縫わなきゃいけないような怪我をしたこともなかった。

正直言って、怖かった。

それほど難しい手術ではないとはいっても、医師はどんな手術であろうと「百パーセント絶対に成功します」なんてことは言ってくれない。極めて厳密に言えば、歯を抜くくらいのことだって、百パーセント安全とは言い切れないわけだ。

僕の担当医ももちろん、手術をしても絶対に元通りの声が出ますとは言ってくれない。

手術するのが他の場所だったら、僕もそこまでナーバスにはならなかった。

声が変わってしまうかもしれない。

声が出なくなってしまう可能性だってある。

そこまではなくても、歌っているときの音程やビブラートなど、思うようにコントロールすることができなくなるんじゃないか……？

考え過ぎなのはわかっていたが、どうしようもなく怖かった。ちょうどシュンちゃんがやめた時期でもあったから、僕まで歌えなくなったらＥＸＩＬＥはいったいどうなるんだろうと考え始めると、また天井を見ていた頃のように、思考が転がり始めて止められなくなる。

得体の知れない恐怖感に怯えながら、毎晩のように眠れない夜を過ごした。

もっとも、この人生で起きる出来事は、あの太極のマークのように必ず陰と陽が絡み合っている。

ネガティブなだけの出来事はないし、ポジティブなだけの出来事もない。

良い出来事の裏には、悪いコトがある。

そしてどんな悪い出来事にも、必ず良い部分がある。

ポリープが見つかったときには落ち込んだし、それから四カ月間も悩まなきゃいけなかった。

僕はつくづく、弱虫で意気地なしだ。

けれど今は、そういうウジウジ悩んでいたことまで含めて、あの苦悩の時期は、自分にとって、とても大切な時期だったことがよくわかる。

少なくとも、あの時期を過ごさなければ、僕は絶対に今の僕ではなかった。


そのひとつは、生活習慣が変わったこと。

若さに任せて、それまではかなり無茶苦茶な生活をしていた。

健康的な生活なんて、考えたこともなかった。まあ二十代前半（そろそろ後半にさしかかるところだったが）の健康な男なら、それが普通だろう。

徹夜しようが、二日酔いになろうが、ちょっと眠って風呂でも浴びれば元気は百二十パーセント回復してしまう。健康のありがたさとか、健康的な生活とか、そんなことは爪の先ほども考えていなかった。ところがポリープが見つかってから、考え方が百八十度変わった。自覚が芽生えたと言ってもいいかもしれない。

なんでもいいから、とにかく身体や心にいいと言われていることは、手当たり次第に試すようになった。

めったにあることではないけれど、ポリープが自然に消えてしまうケースもないわけではない。その鍵は、人間の持っている自然治癒力（ちゆりょく）だ。

肉体にも精神にも健康的な生活を送って自然治癒力を高めれば、手術をしなくても、ポリープを消してしまうことができるかもしれない。そう考えたのだ。

そして、それまでの僕を知っている人が見たら、きっと目を丸くするような健康生活に突入した。食事内容の改善に始まって、整体や鍼（はり）治療に通い、気功に断食、瞑想（めいそう）を生活に取り入れ、禅寺に座禅を組みに行ったりもした。

溺（おぼ）れる者は藁（わら）をも摑（つか）むじゃないけれど、喉にメスを入れるのが怖くて、とにかく無我夢中だった。

結論を先に言えば、それでポリープが消えることはなかった。

治すには手術をするしかないという結論を得ただけの結果に終わったのだが、その結論に至るまでに様々な健康法や精神修養法を知って、いわゆるスピリチュアルな世界も覗くことができた。それまではほとんどそういう精神世界の方面には関心を持ったことがなかったから、それはそれで大きな収獲だったと思う。

そこで僕が学んだこと、それは、いつも心を開いていること。

もっとわかりやすくいえば、素直であること。

二章でも少し書いたけれど、この世は目に見えるものだけで成り立っているわけではない。

そして、大切なものはむしろ、人の目には見えない場所に隠されている。

想いとか、命とか、愛や、悲しみも……。

そういう世界観を知っただけでも、僕にはとても意味がある。

なにしろ僕が作っているのは音楽であり、音楽は目に見えないものの代表なのだ。

目に見えない音楽が、目に見えない人の心を動かす。

そして世の中が、少しずつ変化していく。

そうであるならば、その変化を少しでも善なる方向へ、みんなが幸せになる方向へと向かわせることに貢献したいと思うようになった。

……

2

声帯のポリープを切除する手術を受けたのは、二〇〇六年六月のことだ。

全身麻酔から醒(さ)めて、手術は無事成功したことを告げられたけれど、僕は返事ができなかった。手術後の約二週間は、声を出すことを禁じられていた。

二週間も一言も喋(しゃべ)らない経験、インプットばかりでアウトプットすることのない二週間の生活は、思ったよりも遥(はる)かに不思議な体験だった。

前に書いた通り食生活もなるべく健康的にしていたから、身体がきれいになって感覚もかなりセンシティブになっていたのだと思う。その状態で手術をして喋れなくなったものだから、自分の感覚の扉みたいなものがバーンと開いてしまったのだ。

言葉の流れる川を堰(せ)き止めたら、深い言葉のダム湖ができたということなのかもしれない。

言葉は、簡単に口に出すと、そのまま流れ去ってしまう。けれど、その言葉を口に出さずに心の中に留めておくと、深く沈んで思考という結晶になる。

喋れなかったあの二週間は、自分を見つめ直す得難(えがた)い時間になった。

本当にいろんなことを考えたけれど、何を考えていても結局のところ、行き着く先は生きる喜びについてだった。

喋る喜び、食べる喜び、見る喜び、音を聞く喜び、そして歌う喜び……。人生には様々な喜びがあることを、しみじみと感じるようになった。

そして気がついたら、一日に二曲も三曲も詩を書くようになっていた。『響～HIBIKI～』もあの頃に書いた詩のひとつだ。

そのときに書いた作品の多くは六枚目のアルバム「EXILE LOVE」の中に入っている。あのアルバムは、間違いなく、僕のひとつのターニングポイントになった。

どれだけの時を越えてみても
消えることのない胸の傷を
抱えながら　生きてゆくの？
誰もが強くなりたい　星に願う…
このまま　どこか遠く消えさりたいと思っても

それでも何もかもを捨てきれずに明日を生きる
理由（ワケ）も夢も分からないまま
旅路をさまようけど
きっと素敵なことがあるから　この歌が響くよ

どれだけの時を越えてみても
消えることのない胸の傷を
抱えながら　生きてゆくの？
誰もが強くなりたい　星に願う…

許せない　ことばかりで　全てのことが嫌になって
自分を知らないまま　明日への希望を探した
幼いときのほほえみすら　忘れていたことさえ
気づかないくらいに　傷ついて

それでもまた　愛した

どれだけの時を越えてみても
消えることのない胸の痛み
明日を生きる強さになる
いつの日か涙さえも　星に変わる

何か変わる　そう信じて疲れはてたら
せめて今はこの歌に身をまかせて

このままずっと　探していても
見つかりそうになかったものが
僕の中におちていたよ
忘れかけてたむじゃきな　笑顔になる…

（『響〜HIBIKI〜』　作詞：ATSUSHI　作曲：MISAKO SAKAZUME）

歌を忘れることもときには悪くないと、あのときから思うようになった。

歌うためには、聴かなければいけない。

僕があの二週間で知ったのは、つまりそういうごく当たり前の、けれどとても重要な真理だった。

当たり前の大切なことほど、人はすぐに忘れてしまう。その大切なことを僕に思い出させるために、あの試練はあったのだと思っている。

目に見えないただの空気の振動が、鼓膜を伝わって、それが目に見えない心というものに響く。歌を歌うというのは、考えてみればとても不思議な行為だ。

僕が歌っているとき、いつももう一人の自分がその歌を聴いている。

心がまるで二つに分裂してしまったように、歌っている自分と、その歌を聴いている自分という二人の人間がいる。

歌っている自分が本当の自分なのか、それとも聴いているのが本当の自分なのか。それはよくわからない。

ただ、その両方がいるからこそ、ＡＴＳＵＳＨＩというヴォーカリストがこの世に存在しているということだけは確かだ。

歌いながら聴き、聴きながら歌う。

音と光が洪水のようにあふれるステージの上で、渾身(こんしん)の力を振り絞り、歌に心のすべてをこめて歌いながら、それでもそっと耳を澄ます。かすかな風の音を聴くように、そっと耳を傾ける。

すると、また優しく聞こえてくるのが「天音」。

その音は会場を埋め尽くすすべての人、一人ひとりの心からも聞こえてくる。

天の音に耳を傾けながら、僕は歌っている。

今という瞬間を生きている奇跡を、この世に生きていることの喜びを。

そのとき、歌うことの本当の意味が、小さなひとつの結晶のようになって輝き出す。

ＥＸＩＬＥがひとつになる。

何千何万人の心が混じり合って、ひとつになる――。

……　3

この数年、アジアの国々に出かける機会が増えた。

きっかけは、二〇一〇年の秋に、香港のアーティスト、ミリアム・ヨンさんのコンサートに招かれてゲスト出演させていただいたのが大きかったように思う。

ミリアムさんは、中国全土に名を知られた超大物アーティストだ。彼女が来日したときにもお会いしていたし、中国語の歌を教わって一緒に歌ったこともあった。

ミリアムさんが中国語の歌を僕に教える様子は香港のテレビ番組で放映されていたから、会場を埋めた彼女のファンの多くも観ていたのだろう。

だから歓声もひときわ大きかったのだろうとは思う。慣れない中国語で歌う僕を応援する響きの混ざった、それは本当に温かい心からの歓声だった。


香港のお客さんのノリは、日本人のそれとはかなり違う。

静かなバラード曲なのに手拍子をしてくれたり、掛け声みたいな歓声も上がる。とにかく底抜けに陽気で、なんと言えばいいか、その場をそれぞれのスタイルで自由に楽しんでくれている。

そのあたりは、同じアジアなのに、むしろ欧米の観客の反応と似ているかもしれない。

世界全体で考えれば、日本が例外なのかもしれない。欧米のミュージシャンがよく日本の観客は礼儀正しくて静かだと言うけれど、確かにこういう国から来たら、そう思うに違いない。

もちろん、これは、どちらがいいという話ではない。

バラード曲になると、会場が水を打ったようにシーンと静まりかえり、お客さんの眼差しが一斉にステージの歌い手に集中する日本のコンサート会場のちょっと緊張する雰囲気も僕は大好きだ。

けれど、たまには自由な感じで、どこまでも陽気にハッピーに盛り上がる会場も悪くないと思った。というか、本音を言えば、ステージに立っている人間にとって、それはかなりありがたいことだ。みんなが自分なりの楽しみ方をしてくれることで、歌っている僕まで自由に、心底から歌を楽しむことができるのだから。

まあ、そういうわけで、ミリアムさんの曲をミリアムさんと一緒に大盛り上がりでコラボレーションした後は、僕が一人で歌うことになっていた。

丸暗記した中国語で挨拶（あいさつ）をして、センターステージだったから、四方に深く頭を下げた。

他の人の国に行って、他の人のステージに上げていただいて、自分の好きな歌を自分の言葉で歌うのだ。あのときの僕の心は、掛け値なしに、感謝の想いと最大限の敬意でいっぱいだった。「僕に歌わせてくれてありがとう、僕の歌を聴いてくださってありがとう」という気持ちしかなかった。

それから、『願い』を日本語で歌った。

今日までの日々を
振り返っても
過去の栄光に
すぎなくて

それでも〝今〟は
過去の結晶
すべて力となり
光放つ

手遅れになる前に
愛し合える命を
生み出そう

心から願う
強くありたい

傷付いて
立ち上がり
生き抜いてく
そんな強さを
かけがえのないモノを
守るために…

今まで僕らは
どれほどのモノを
奪い続けて
きたのだろう

この想いをカタチにして
新しい想造（いしき）を
生み出そう

いつまでも願う
誰もが優しく
この空を
大地を
子供たちを
理由なんてなく
ただ無条件に
愛せること

なにかが泣いてる
もう一度
愛を取り戻そう…

心から願う
強くありたい
傷付いて

立ち上がり
生き抜いてく
そんな強さを
かけがえのないモノを
守るために…

いつまでも願う
誰もが優しく
この空を
大地を
子供たちを
理由なんてなく
ただ無条件に
愛せること

（『願い』　作詞：ATSUSHI　作曲：Arno Lucas・Jerome Dufour・Fabrice Haddad・Kenji Sano）

歌いながら、自分の歌が客席に伝わっていることを感じた。

歌い終えると、大歓声が上がった。

涙が出そうになるくらい嬉しかった。

そして、心の深い場所で、僕は思った。

「いつか、この人たちと、もっとわかり合いたい」

あれは、不思議な体験だった。

繰り返すけれど、あのとき、僕は日本語で歌った。だから会場を埋めたほとんどの観客は、僕の歌の意味を直接は理解しなかったはずだ。けれど、中国語と日本語の言葉の壁を越え、僕があの歌にこめた想いは間違いなく彼らに伝わっていた。

その感覚を、その喜びを、どう表現したらいいのだろう。わずかな時間ではあったけれど、言葉の通じない彼らと、僕は歌を通してつながることができたのだ。それは、純粋な喜び以外の何物でもない。

僕は本当に素直な気持ちとして、この人たちと死ぬまでに、本当の意味でわかり合えるようになりたいと思った。

同じ日本語で話す人間同士だって、心が通じ合えれば嬉しいのだ。まして言葉の通じない、文化の違う外国の人と、気持ちが通じたときの快感は、なんと表現したらいいだろう。ほんとに些細なことでも、「うん、うん。そうだよね」と、お互いにわかり合ったあの瞬間の喜びは大きい。心と心で「イエーイ！」とハイタッチするような感じ。国が違っても、文化が異なっても、人間というものは、心のいちばん根っ子のところは同じなんだと、しみじみ嬉しくなるのだ。

僕が国と国の架け橋になるなんて大風呂敷を広げるつもりはないけれど、少なくともその架け橋を支える橋脚のひとつくらいにはなれるんじゃないか。

この気の遠くなるほど広大な世界では、あのコンサートホールで、あの一瞬、僕が香港の人たちとわかり合えたと思った瞬間など、道端の石ころひとつほどの意味も持ちはしないのかもしれない。世界中のミュージシャンが喉を壊すまで、愛と平和を歌い続けたとしても、きっと戦争はなくならないのだ。そんなことは、よくわかっている。

それでも、その石をコツコツと積み上げる作業を続けていきたいと、僕はあのときはっきりと思った。

これは余談だけれど、その翌日、現地のスタッフと街に食事に出かけた。

香港にもスターバックスがあって、そこに立ち寄ってコーヒーを買っていたら、一人の女性が僕に話しかけてきた。一緒にいたスタッフが、彼女の中国語を日本語に翻訳してくれた。

「昨日、ライブを観てました。あなたの音楽は中国の音楽を変えると思う。きっと中国の音楽の質を高めてくれる。だから、頑張ってください」

彼女は一気にそう話した。

誰にも気づかれるわけがないと思って歩いていた街の中で、運命的にそういうふうに話しかけてくださる方がいて、自分の中では勝手に中国のファン第一号と思ってしまった。なんだかとても嬉しかった。

彼女の向こうに、世界へと続く道が見えた気がした。


今では香港にスタッフの宿舎も兼ねたマンションを借りている。

この香港での生活が、とても新鮮で楽しい。

特に何かをするわけではないのだけれど、自分で料理をして食べたり、早寝早起きをしたり、規則正しく筋力トレーニングをしたり……と、東京にいるときよりは、かなり人間らしい生活をしている。まあ、料理をするといっても、素麺(そうめん)を茹(ゆ)でるとか、ご飯を炊くとか、その程度のことではあるけれど。

とにかく普通に街を歩けることが新鮮だ。もちろん日本にいるときだって街を歩くし、コンビニで買物をすることだってある。そういうことをしたからといって、歩く場所にもよるけれど、人だかりができて困るということも普段はあまりない。特に都会の人は、僕に気づいてもそっとしておいてくれる。けれど、それでも、日本にいるときは、周囲の視線をどうしても意識してしまうのだ。

注目されるということは、僕らのような職業の人間には本来はありがたいことのはずだけれど、僕も人間なわけで、いつも心の何処かで人の視線を意識しているという生活は、やはり多かれ少なかれ緊張を強いられているということなのだろう。

香港や北京の街を歩いて真っ先に感じたのは、その緊張からの解放であり、それは想像していた以上に大きかった。街中を普通に歩いていて、誰の視線も感じないということは、なんと心安らぐ経験だろうと思った。

逆に言えば、ＥＸＩＬＥのメンバーになる前、僕がただの歌手志望の男だったときには当たり前だったことが、今やまったく当たり前ではなくなっていたということだ。

それは、とても不思議な感覚だった。

自分でもおかしいなと思うのは、誰の視線も気にせずに街を歩けるその感覚を心ゆくまで楽しみながら、心の別の部分では、この国の人たちにも僕の歌を聴いてもらいたいと考えているもう一人の自分がいるということだ。

大きな虹を見たら、誰かに教えたくなる。もし誰も気づいていなかったら、「虹が出てるよ！」って大声で叫んでしまうかもしれない。その虹が見たこともないくらい美しければ美しいほど、よりたくさんの人にあの虹を見てもらいたいと思う。

そういう気持ちに、理由なんかない。誰だって自然にそう思うはずだ。

自分の歌をできるだけたくさんの人に聴いてもらいたいという願いは、そういう気持ちとよく似ている。

けれど、一人でステージに立っていても、僕はあくまでＥＸＩＬＥの一員だ。

世界中どこででも、名前を聞かれたら、「ＥＸＩＬＥ　ＡＴＳＵＳＨＩ」と答えようと思っている。ＥＸＩＬＥが名字なのかと勘違いされるかもしれないけれど、実はそれが狙いでもある。

ＥＸＩＬＥは僕のファミリーネーム、僕はどこまでもＥＸＩＬＥというファミリーの一員なのだ。

そしてそれは、国内においても同じこと。

以前に比べればの話だけれど、外国だけじゃなくて日本国内でも一人で歌う機会が増えたものだから、「いよいよアツシさんも独立してソロ活動ですか？」なんて質問されることがある。

何度でも書くけれど、現時点では、僕はＥＸＩＬＥをやめるつもりはまったくない。

グループのメンバーとして歌うのと、ソロ歌手として歌うのはまた別のことだ。

「ソロの方が自由に歌えるでしょう」と言う人もいるけれど、必ずしもそうではない。

クルマに喩えるなら、ＥＸＩＬＥというクルマに乗るのには慣れているが、自分のソロというクルマに乗ることにはまだそれほど慣れていない。友だちのクルマのハンドルを握り、いきなり走り始めたときのような、奇妙な感覚がある。

ウインカーをつけようとしたのに、いきなりワイパーが動き出したり、「えっ、こんなにターボ利くの？」とか、「ブレーキの遊びがこんなにあるんだ」とか、「うわっ、危ね！ぶつかるかと思った」みたいな。まだ、操縦に慣れていないと言えばいいだろうか。

やはり自分の中では、ＥＸＩＬＥのＡＴＳＵＳＨＩには到底追いつけていない、ソロのアツシがいる。

なにしろ、二〇一二年十月に六都市七公演で回ったソロツアーの疲労度は半端ではなかった。僕がいつもどれだけＥＸＩＬＥのメンバーに支えられ、助けられているのかを実感することにもなった。

ソロのアツシは、ＥＸＩＬＥのＡＴＳＵＳＨＩには、どうやったってまだ当分の間は勝てっこないのだ。そこを勘違いしてはいけないと、いつも肝に銘じている。

メンバー全員でステージに立つこともあれば、その半分の人数でステージに立つこともある。三人のこともあれば、一人で立つこともあるというだけのことだ。

ネスミスとショウキチが、パフォーマーだけでなく、シンガーとしても活躍できるようになったことで、自由度はさらに大きくなった。

僕らは、全員が揃ったときだけがＥＸＩＬＥなのではない。

七人でも三人でも、たった一人でもＥＸＩＬＥなのだ。

僕らをつなぐ絆は、頑丈で、強い。

僕ら一人ひとりが、それぞれの内側にＥＸＩＬＥの魂を宿している。

ヒロさんは二〇一三年いっぱいでのパフォーマー引退を決めたけれど、その魂と共に、形あるものは必ず滅ぶという真理を覆す「永遠」というものへの挑戦を、後に続く僕らに託したのだと思う。

そういう仲間の一員であることを、僕は心から誇りに思っている。

そしてこれからも自分の人生を賭けて、ＥＸＩＬＥを育てていこうと心に決めている。

そのことを前提とした上で、自分の中のまだ知られていない部分、今まで誰にも見せていなかった引き出しを、ソロという形で表現しながら、同時にアジアへ向けて、さらには世界へと音楽活動の場を広げることができたらと願っている。

世界中の人に、僕たちの音楽を聴いてもらうこと。

音楽を通じて、世界の人と出会うこと。

それが、僕の夢だ。

その夢は、僕たちの手の届くところにある。

そう信じている。

*

さて、そろそろ、この本も終わりにしなければいけない。

書きたかったことの半分も書けなかったような気もするけれど、それはまた次の機会のためにとっておくことにしよう。

聴いてくれている人のためになる詩を書き、そして歌いたいと思っている。

魂を癒し、肉体を癒す歌を歌いたい。

お伽噺みたいな話だけれど、僕は本気でそう思っている。

本物の詩人なら、それは邪道だと言うだろう。詩はどこまでも自分の心から湧き出てくるものので、それは本質的に「何のために」とか、「誰のために」とかいうこととは無縁なのだ、と。たしかにそういう意味で言うなら、僕は詩人なんかじゃない。

僕はどこまでも歌手なのだ。

僕の詩は、僕が歌うことによって完成する。

たとえば「おはよう」という挨拶は、文字で書けばただ一通りの意味しかないけれど、歌にすればそこに百通りの違った意味をこめられる。夢と希望に満ちた「おはよう」もあれば、愛しているという意味の「おはよう」もある、憎しみのこもった「おはよう」だってあるかもしれない。

詩人は詩を書き上げたところで、仕事を終える。僕は、詩を書き上げたところが仕事のスタートラインなのだ。

歌うために、僕は詩を書く。

その歌をどう歌うか、どう伝えるか、僕の歌を聴いてくれた人に、何を持って帰ってもらうか。それをいつも考えている。

子供の頃から考え過ぎるのは僕の悪い癖で、いろいろ考え過ぎて迷ったり悩んだりしてしまうことがある。世の中のために何かしたいという気持ちを、間違った考えを持った人たちに利用されたこともある。

そういうことは詩には書かない。

僕の悩みを歌ったって、仕方がないと思うからだ。

僕はいつも、聴いてくれる人の人生を豊かにする歌を歌いたい。

僕が歌う歌は、たとえそれが失恋の歌であっても、そこにこめられているのは、だからこそ今あなたが育てている恋を大切にしてほしいというメッセージなのだ。

でも、当たり前のことだけど、僕だって、悩んだり、迷ったりしながら生きてきた。そして学んだのは、そのときはどんなに辛（つら）いと思っても、生きてさえいれば、いつかは必ず笑える日が来るということだ。

どんなに暗い道を歩いていても、光を求める気持ちさえあれば、いつかはきっと光に出合える。

朝の来ない夜は、絶対にない。

僕は、そう信じている。

「幸せだ――」

そう感じる瞬間が、近頃増えた気がする。

何か特別なことがあったわけではない。

夕陽がなんだかとっても綺麗だったり、食事がすごく美味しかったり、メンバーとお酒を飲んだ時間がとても楽しかったり……。

そういう、ごく当たり前のことに、しみじみと幸せを感じる。


僕に仲間がいるからだ。

ほんとに奇跡のような出会いだったなあと、いつも思う。でも、出会いとはいつもそんなようなものだ。

ＥＸＩＬＥという仲間。ヒロさんの想いからスタートしたこの仲間たちと一緒にいるだけで、どうしてこんなに幸せなのか、いつも不思議に思う。

それくらい、みんな仲がいいし、ほんとによく一緒に飲みに行ってるのに、ぜんぜん飽きることがない。ついこの間、みんなで集まったばかりなのに、気がついたらまた集まって、みんなで大笑いしてる。

その時間の、なんと楽しいことか。

けれど、本当の幸せは、みんなで大笑いすることそのものではなく、一緒に腹の底から笑える仲間がいるということだ。

なぜ、そんな仲間に出会えたのだろう。いや、ただ素直な人間が集まったことで、そうなっていっただけなのかもしれない。それほど特別なことではないように思うし、でも、他に例のない特別なことのようにも感じる。

みんなそれぞれに考え方も違えば、感性も違う。理想の女性像だって違う。

それなのにいつだって一緒になって腹の底から笑えるのは、みんなが同じ夢に向かって走っているからだ。バカばっかりしていても、僕たちは強い責任感と、深い信頼関係で結ばれている。ただふざけ合っているわけではない。全員が一所懸命生きているからこそ、ちょっとした些細（ささい）なことでも楽しく感じられるのだと思う。お互いの価値観と、志を信じているからだ。

その信頼関係が、僕の何よりも大切な宝物だ。

その宝物があるからこそ、僕は歌い続けられる。

そのことを、この本の最後に、メンバーの全員に深く感謝したい。

人生はお伽噺ではない。

「そして二人はいつまでも幸せにくらしましたとさ」という終わりは、人生にはない。

この条件を満たしたら、後は死ぬまでずっと幸せですということはないのだ。たとえば、結婚をゴールインと言うけれど、ほんとはゴールなどではなくて、そこからありとあらゆるいろんなことが始まるように。

人生における出来事は、すべてそういうものだ。生きているうちに、ひとつひとつの瞬間に、どれだけ幸せを感じられるかということでしかない。だから僕は、このかけがえのない仲間と一緒に過ごす瞬間瞬間に、これから先もできる限りの幸せを感じられるように、この人生を喜びで満たしていくために、自分にできる限りの努力を続けるつもりだ。

そのためにはまず何よりも、いい歌を歌うことしかないと思っている。

人の心を癒し、元気にするような、希望に満ちあふれ、愛や希望を感じる歌を、歌い続けること。

それが僕の役割であり、その想いを持ち続けることが僕の生きている意味だ。

もう一人、最後の最後になってしまったけれど、心からの感謝を捧げなければならない人がいる。

それは、この拙い僕の文章を最後まで読んでくださった、あなただ。

書かれた文章は読まれない限り、存在していないのと一緒だということだ。

この本があるのは、この本を読んでくださったあなたのおかげだ。

この文章を書いているのは僕だけれど、あなたが読まなければ、これは紙に印刷されたインクでしかない。

あなたが読んで初めて、この文章は意味のあるものになる。

それは文章だけではなく、歌も同じことだ。

僕がどれだけ必死で歌っても、聴いてくれる人がいなければ、それはただの空気の振動でしかない。あなたが聴いて、笑ったり、涙を流したり、何かを感じてくれて初めて、ただの振動が歌になる。

そして、あなたの心から聞こえてくる、あなたの「天音」に耳を澄ませて、また僕は歌う。

歌わせてもらっている。

そうやって、世界は、僕たちは、つながっている——。

昨日の夜、天井の模様を眺めながら、僕はそんなことを考えた。

まとまらない思考、拙い文章に、読者であるあなたがどんな感想を持ってくださったにしても、読むという行為によって、この本を、存在させてくださったことに、心から、深く感謝します。

ありがとうございました。

二〇一三年二月　ＥＸＩＬＥ　ＡＴＳＵＳＨＩ

ブックデザイン　……　米谷テツヤ
構成協力……………　石川拓治
企画プロデュース　…　株式会社 LDH
協力…………………　エイベックス・エンタテインメント株式会社
青木創

本書は書き下ろしです。

JASRAC　出1303239-301

〈著者紹介〉
EXILE ATSUSHI　1980年4月30日埼玉県生まれ。4歳からクラシックピアノを始め、音楽に対する熱い想いから、高校時代より本格的にヴォーカリストを目指す。音楽の専門学校在学中に、某テレビ局のオーディションがきっかけとなり、J Soul Brothersに加入。2001年に「EXILE」と改名しデビュー。EXILEの楽曲の作詞・作曲も務め、その強いMessage性が多くの人の心を動かす。11年「いつかきっと…」で、EXILE ATSUSHI名義でソロデビュー。12年にはアルバム『Solo』を、『EXILE JAPAN』のダブルアルバムとして発売。EXILEとして、ソロとして、精力的に活動しながら、世界が認めるヴォーカリストを目指す。

天音。
2013年4月30日 第1刷発行

著　者　EXILE ATSUSHI
発行者　見城 徹

発行所　株式会社 幻冬舎
〒151-0051 東京都渋谷区千駄ヶ谷4-9-7

電話:03(5411)6211(編集)
03(5411)6222(営業)
振替:00120-8-767643
印刷・製本所:中央精版印刷株式会社

検印廃止

Printed in Japan
ISBN978-4-344-02369-7 C0095
幻冬舎ホームページアドレス　http://www.gentosha.co.jp/

この本に関するご意見・ご感想をメールでお寄せいただく場合は、comment@gentosha.co.jpまで。